Los
SALMOS

John Day

Los
SALMOS

editorial clie

EDITORIAL CLIE
M.C.E. Horeb, E.R. n.º 2.910 SE-A
C/ Ferrocarril, 8
08232 VILADECAVALLS (Barcelona) ESPAÑA
E-mail: libros@clie.es
Internet: http:// www.clie.es

LOS SALMOS
INTRODUCCIÓN A LA INTERPRETACIÓN DEL SALTERIO
John Day

COLECCIÓN: SEMINARIO - Área de Biblia

Versión española de Miguel Sánchez Rodríguez.

Depósito legal: B-19261-2007 U.E.
ISBN: 978-84-8267-486-5

Impreso en Publidisa

Printed in Spain

Clasifíquese:
145 COMENTARIOS DEL AT:
Salmos
CTC: 01-02-0145-16
Referencia: 22.46.10

Índice

Colección *SEMINARIO*

El *Seminario Evangélico Unido de Teología* (SEUT) es un centro de formación teológica y espiritual, con sede en El Escorial (Madrid, España). Su visión es servir a la Iglesia en todo el mundo de habla hispana, fundamentando su ministerio sobre dos pilares:

(1) Solidez académica de los programas impartidos.
(2) Calidad pedagógica que integre lo académico con lo práctico y lo espiritual.

La *Colección* que presentamos está constituida por títulos empleados como libros de texto del programa académico. Éste nació de un acuerdo con OTC (*The Open Theological College, University of Gloucestershire*, Reino Unido), si bien hoy día SEUT está creando material propio. Por ello, también se incluirán títulos de sus propios profesores.

Los títulos de esta colección se agrupan en cuatro áreas que reflejan, de alguna manera, los pilares fundamentales del programa académico. Se trata de las siguientes:

– Biblia
– Dogmática e Historia de la Iglesia
– Ministerio y Misión
– Pastoral

En SEUT creemos que la erudición no está reñida con la sencillez, y que más importante que abrumar al lector o estudiante con datos es la comprensión básica de los contenidos. Eso sí, esperamos que nuestros títulos susciten en los lectores y lectoras una seria reflexión sobre el contenido de los mismos. Esto no significa que SEUT asuma como propias todas las opiniones de los libros de la *Colección,* ya que su propósito no es presentar una teología monocolor, como tampoco lo es su propio currículo académico. De hecho, los autores presentes en la *Colección* representan a diversas tradiciones cristianas y a diversos planteamientos personales, por lo que el lector observará que sus afirmaciones se mantienen siempre en un marco de profundo respeto por el resto de tradiciones teológicas. Es más, en opinión de nuestro equipo de profesores –y por tanto de la *Colección*– la riqueza de tradiciones cristianas obliga a todo seguidor de Cristo a un mayor discernimiento que finalmente se traduzca en su propio enriquecimiento espiritual.

Como habrá notado cualquier avezado lector, estamos convencidos de la calidad de la *Colección* que presentamos. Sólo esperamos que nuestro convencimiento se vea correspondido con una buena acogida del público de habla hispana al que va dirigida. Por lo demás, nada vale algo si no redunda en una mayor gloria de Dios.

PEDRO ZAMORA
Director de SEUT

SEUT – Fundación Federico Fliedner
Alfonso XII, 9
E-28280, El Escorial (Madrid)
seut@centroseut.org
www.centroseut.org

Títulos publicados de la colección

BIBLIA

D. Casado, *El Apocalipsis. Revelación y acontecimiento humano.* Repaso completo de las interpretaciones existentes sobre el Apocalipsis.

Tremper Longman III, *Cómo leer los salmos.* Introducción a los géneros literarios de los salmos.

J. Day, *Salmos.* Introducción a la interpretación de los salmos.

J. Drane, *Introducción al Antiguo Testamento.* Excelente presentación de los conocimientos fundamentales actuales sobre el AT.

D. Byler, *La autoridad de la Palabra en la iglesia.* Una provocativa pero educativa reflexión sobre la función de las Escrituras en el seno de la iglesia.

DOGMÁTICA E HISTORIA DE LA IGLESIA

T. Smail, *Don y dador.* Tratado sobre la persona del Espíritu Santo.

A. Richardson, *Así se hicieron los credos.* Estudio sobre el desarrollo de los credos durante los primeros siglos de la Iglesia.

MINISTERIO Y MISIÓN

W. J. Abraham, *El arte de la Evangelización*. Tratado sobre la relación entre la misión local y la global.

D. Cook, *El laberinto de la ética*. Tratado sobre las fuentes de la ética cristiana.

D. Williams, *Preparados para servir.* Tratado práctico para quienes desean dedicarse a la misión.

PASTORAL

M. Jacobs, *Esa voz interior.* Tratado sobre los varios enfoques que un consejero pastoral puede emplear.

M. Jacobs, *Presto a escuchar.* En consejería, saber escuchar es tan importante como saber responder.

E. Heise, *Manual de homilética narrativa.* Tratado sobre la homilética narrativa, acompañada de relatos ejemplares.

PREFACIO

Quiero dar las gracias al profesor R. N. Whybray por invitarme a escribir este libro sobre los salmos para la colección *Guías del Antiguo Testamento*, y por su paciente espera del manuscrito. Desde hace tiempo sentía yo la necesidad de una introducción a los salmos al alcance de los estudiantes de licenciatura (y otros) que fuese a la vez exhaustiva y de fácil lectura, y confío en que este trabajo cubrirá esa necesidad. Le estoy especialmente agradecido al profesor Whybray por sus comentarios al manuscrito y, así mismo, quisiera expresar mi gratitud a la Dra. Susan Gillingham y a la Srta. Clare Garner (estudiante de segundo curso) quienes amablemente me dieron su opinión de los primeros borradores. Finalmente, debo manifestar mi gratitud al profesor David Clines, que leyó los borradores con suma atención y con ello evitó que muchos errores aparecieran en el texto final.

JOHN DAY
Oxford
Octubre, 1990

Abreviaturas

ANEP J.B.	Pritchard (editor), *The Ancient Near East in Pictures relating to the Old Testament* (2ª edición con suplementos), Princeton University Press, Princeton, 1969.
ANET J.B.	Pritchard (editor), *Ancient Near Eastern Texts relating to the Old Testament* (3ª edición con suplementos), Princeton University Press, Princeton, 1969.
BJRL	*Bulletin of the John Rylands Library.*
BWANT	Beträge zur Wissenschaft vom Alten und Neuen Testament.
BZAW	Beihefte zur Zeitschrift für die alttestamentliche Wissenschaft.
CBQ	*Catholic Biblical Quarterly.*
FRLANT	Forschungen zur Religion und Literatur des Alten und Neuen Testaments.
Gibson	J.C.L. Gibson (editor), *Canaanite Myths and legends,* T & T Clark, Edimburgo, 1978.
JAOS	*Journal of the American Oriental Society.*
JBL	*Journal of Biblical Literature.*
JSOT	*Journal for the Study of the Old Testament (Supplement Series).*
JSS	*Journal of Semitic Studies.*
JTS	*Journal of Theological Studies.*
OTS	*Oudtestamentische Studiën.*
RSV	*Revised Standard Version.*
VT	*Vetus Testamentum.*
WMANT	*Wissenschaftliche Monographien zum Alten und Neuen Testament.*
ZAW	*Zeitschrift für die alttestamentliche Wissenschaft.*

N.B. Debe tenerse en cuenta que el número de los versículos de los salmos es, en algunas ocasiones, uno más en las versiones hebreas que en las nuestras. En este volumen, los números de los versículos citados son aquellos que aparecen en la Versión Reina-Valera.

Capítulo 1

INTRODUCCIÓN

Los diferentes tipos de Salmos

Cualquiera que lea el Salterio quedará sobrecogido por la variedad de composiciones que contiene, las cuales son el reflejo de diferentes estados de ánimo y situaciones. Al mismo tiempo, es fácil darse cuenta de que muchos salmos pueden ser incluidos juntos en grupos claramente diferenciados, como, por ejemplo, aquellos cuyo tema es «Alabad al Señor» (Aleluya), o aquellos en los cuales el salmista manifiesta su aflicción ante Dios y pide liberación. No obstante, hay algunos salmos difíciles de incluir en una determinada clasificación.

Aunque en el siglo XIX se realizaron las primeras tentativas de clasificar los salmos –la más notable de las cuales fue la de W. M. L. de Wette– fue la obra de otro erudito alemán, H. Gunkel, a comienzos del siglo XX, la que se convirtió en el paradigma del análisis de los salmos dentro de diferentes categorías. Tanto en su *Comentario a los Salmos* como en su *Introducción a los salmos* –terminada tras su muerte por su discípulo J. Begrich– Gunkel se esforzó por definir, de manera rigurosa, todos los salmos que conforman el Salterio dentro de sus respectivas categorías (Gattungen) y por descubrir el contexto vital (Sitz im Leben) original de todos los tipos. Esta clase de estudio es conocida como «crítica de las formas», y analiza la literatura bíblica partiendo de la forma o de criterios estructuralistas.

Gunkel dividió los salmos en cinco grupos principales como sigue:

Himnos. Estos son los salmos de alabanza. Generalmente comienzan con una llamada a la alabanza, seguidos de los motivos para ésta, y concluyen con una nueva llamada a dicha alabanza. Pueden exaltar a Dios por su actividad creadora o por sus actuaciones en la historia. Algunos ejemplos serían los Salmos 33; 117 y 145-50. Dos sub-categorías dentro de este grupo serían, los salmos de entronización (Sal. 47; 93 y 96-99), los cuales celebran la entronización de Yahvé como Rey, y los salmos de Sión (Sal. 46; 76 y 87) que exaltan el monte de Sión, la morada santa de Yahvé en Jerusalén.

Súplicas *colectivas.* Éstos son los salmos en los que la nación lamenta algún desastre público que ha venido sobre ellos, por ejemplo, la destrucción del templo de Jerusalén (Sal. 74; 79) o algunos otros desastres (Sal. 60; 80 y 126). Tras comenzar con una invocación a Dios, no hay un orden prefijado el cual sigan, aunque la mayor parte del salmo consiste en una queja dirigida a Dios y súplicas para que Él los libere.

Salmos reales. Estos salmos están centrados en la figura del rey, que para Gunkel pertenecía a la monarquía israelita pre-exílica. Entre otras cosas tratan de su coronación (Sal. 2 y 110), del matrimonio (Sal. 45), y batallas (Sal. 18; 20 y 144). No forman estrictamente una categoría crítico-formal, puesto que no tienen una estructura típica, sino una clase delineada exclusivamente de acuerdo a su contenido.

Súplicas *individuales.* Así como las súplicas colectivas lamentan el destino de la nación, las súplicas individuales lamentan el destino de las personas particulares que los profieren. Son, de lejos, el tipo más común de salmo en el Salterio, especialmen-te en la primera mitad (v. g. Sal. 3-7; 22; 25-28; 51; 51-57 y 139-143. Generalmente, estos salmos comienzan con una invo-cación a Yahvé, con frecuencia continúan con el lamento pro-piamente dicho y con una súplica de ayuda y, en algunas ocasiones, finalizan con una expresión de confianza. De todas maneras, no existe una regularidad absoluta en la ordenación o en la inclusión de los elementos particulares.

Como un apéndice de los lamentos individuales, Gunkel incluyó los *salmos de confianza* (v. g. Sal. 11, 16, 23). En estos salmos, el salmista expresa su confianza en que Dios le librará de la maldad y de sus enemigos, que son los causantes de la lamentación en los salmos de súplica individual.

Salmos de acción de gracias individual. No son tan comunes como las súplicas individuales, éstos, no obstante, forman su reverso, puesto que en ellos el salmista agradece a Dios que le haya librado de la angustia personal. Este grupo incluye salmos tales como el 30; 32; 34; 41; 116 y 138. De nuevo nos encontramos con que no manifiestan una regularidad total en su estructura, pero pueden incluir una introducción (en la cual el salmista pone de manifiesto su intención de dar gracias a Dios), una sección narrativa (en la cual describe su angustia previa, así como la oración pidiendo ser librado y su cumplimiento) y, finalmente, una conclusión.

Además de estos cinco grupos principales, Gunkel también reconoce la existencia de otros tipos menos comunes. Éstos incluirían los *salmos de acción de gracias colectiva* (v. g. Sal. 124), una muy pequeña categoría, en la cual toda la nación da gracias a Dios por alguna liberación puntual; los *salmos de sabiduría*, que son poemas de naturaleza didáctica en los que se refleja la influencia de la tradición sapiencial del Antiguo Testamento, algunos más de confianza en la justa acción del mundo (v. g. Sal. 1 y 112) y otros son interrogaciones (v. g. Sal. 37 y 49); *los salmos de peregrinaje* (Sal. 84 y 122) que eran cantados por los peregrinos en su viaje a Jerusalén; y *salmos litúrgicos* (más comúnmente conocidos como «liturgias de entrada»), en los cuales el adorador que busca la entrada del Santuario era instruido en los requisitos necesarios (Sal. 15 y 24), así como las liturgias proféticas en las cuales fueron detectados oráculos proféticos (v. g. Sal. 75 y 85). Finalmente, aquellos salmos que no pueden ser asignados a ninguna de las categorías arriba mencionadas, fueron llamados por Gunkel *poemas mixtos*, éstos poseen diferentes formas y estructuras (v. g. Sal. 119).

A grandes rasgos, el bosquejo principal que de los distintos tipos de salmos realizó Gunkel ha sido seguido por la mayoría de los eruditos siguientes. Por supuesto que en algunos detalles ha sido matizado, por ejemplo si un salmo debía ser incluido en ésta o en aquella categoría; pero esto es comprensible, porque la crítica de las formas no es una ciencia exacta. Los escritores de salmos eran libres de componer cualquier salmo que eligieran, y no estaban constreñidos por rígidas normas formales, por tanto, la inscripción de un salmo dentro de una categoría determinada no es siempre un asunto sencillo. Gunkel se equivocó probablemente al ver los «salmos de confianza» como un simple apéndice de los «salmos de súplica individual», porque aunque tienen conexiones con ellos, también tienen puntos de contacto con los «salmos de acción de gracias individuales», pero no pertenecen a ninguna de esas clases y deben ser considerados como un género totalmente distinto. Gunkel puede ser también acusado de inconsecuencia, puesto que algunas de sus categorías están basadas en la forma de los salmos, o en su estructura; (v. g. los himnos, los salmos de acción de gracias y los salmos de súplica) mientras que otras tienen como base criterios de contenido (v. g. Los salmos reales y los salmos de sabiduría, y las subclases de los himnos conocidas como salmos de entronización y salmos de Sión). Sin embargo, éste es probablemente el precio que tenemos que pagar a cambio de una clasificación realmente útil de los salmos: no sería posible ignorar totalmente los contenidos y, en ningún caso, hay una absoluta rigidez de formas, ni siquiera en los himnos, en los salmos de súplica o en los salmos de acción de gracias.

La terminología relativa a los salmos de lamento y de acción de gracias y a los himnos, ha estado sujeta a discusión, así como la existencia real de los salmos de acción de gracias colectiva (ver los Capítulos 2 y 3). La crítica más radical al sistema clasificatorio de Gunkel ha sido realizada por H.-J. Krauss. Él defiende que debe crearse un sistema de clasificación totalmente nuevo, tomando como base los términos usados en el propio Salterio, especialmente en los encabezamientos. Éste no es el lugar para discutir detalladamente su propuesta. Basta con decir que ésta está lejos de ser satisfactoria. Por ejemplo, su sexta categoría «salmos de fiesta y liturgias» no está basada en ninguna terminología usada en el Salterio, y su segunda categoría «Canciones de oración» (*t^epillâ*) –un término usado en el encabezamiento de los Salmos 17; 86; 90; 102 y 142– es empleada por Krauss para abarcar un número demasiado extenso de salmos como para que resulte útil, máxime incluyendo, como él hace, todos los salmos de lamento y de acción de gracias, tanto individuales como colectivos.

En líneas generales, por tanto, el bosquejo principal de la clasificación de Gunkel puede ser todavía seguido, aunque existe siempre la posibilidad de estar en desacuerdo en los detalles. Nosotros vamos a examinar los diferentes tipos de salmos más detalladamente en los Capítulos que siguen.

El lugar de los salmos en el culto

Tanto los escritores antiguos como los eruditos críticos del siglo XIX y de principios del XX se inclinaron a considerar los salmos como pruebas evidentes de la devoción privada e individual en Israel. Las antiguas autoridades estaban, por supuesto, supeditadas a los encabezamientos tradicionales de los salmos; pero los especialistas anteriores, aunque rechazaron la autenticidad de dichos encabezamientos, todavía se inclinaban a considerar los salmos como composiciones individuales, que reflejaban circunstancias históricas particulares. Incluso Gunkel –que jugó un significativo papel en el análisis crítico formal del Salterio– fue incapaz de conseguir una interpretación completamente cúltica de los salmos. Mientras que él, acertadamente, vio que la salmografía debía retrotraerse a los tiempos pre-exílicos y que algunos de nuestros salmos datan de ese período, creyó que la mayoría de los salmos existentes son imitaciones «espiritualizadas» post-exílicas de salmos cúlticos más antiguos, y que esos salmos provenían de pequeños «conventículos» más o menos privados de laicos piadosos. Supuso que las muchas referencias a cuestiones culturales en el Salterio eran solamente metafóricas.

No obstante, como resultado del trabajo de Mowinckel, esta opinión ahora es generalmente rechazada. En los salmos aparecen esparcidas gran cantidad de alusiones al culto, que sólo tendrían sentido si fueran utilizadas en la alabanza pública del templo de Jerusalén. Por ejemplo; se incluyen referencias al templo en los salmos 23,6; 26,8; 27,4; 63,2; 96,6 y 122,1; también en los Salmos 24; 68; 118 y 132 se hacen alusiones a procesiones cúlticas, así también el Salmo 48,12 alude a la procesión alrededor de las paredes del Monte Sión. También pueden encontrarse referencias a diferentes tipos de sacrificios, por ejemplo, sacrificios en general

(Sal. 4,5; 27,6), ofrendas quemadas (Sal. 20,3), un sacrificio de pacto (Sal. 50,5), y una ofrenda voluntaria (54,6). También se menciona la danza (Sal. 30,11; 87,7; 149,3 y 150,4), el canto (Sal. 9,11; 30,4; 33,2 y 47,6-7), y varias clases de instrumentos musicales (Sal. 33,2; 47,5; 81,2; 98,6 y 150,5).

Se puede encontrar una base para la interpretación cúltica de los salmos en la *Mishnah* y en otras fuentes rabínicas, las cuales estipulan diversos acontecimientos cúlticos para la utilización de los salmos. Algunos de los encabezamientos de los salmos atestiguan un uso litúrgico, aunque también contienen algunas incertidumbres. Cuando llegamos al último período, encontramos, de hecho, salmos compuestos por círculos piadosos y con fines no cultuales, especialmente los *Salmos de Salomón* y el *Hodayoth* de Qumrán (salmos de acción de gracias). Éstos se diferencian notablemente de nuestros Salmos del Antiguo Testamento en diversos aspectos, y su orientación no cúltica resalta más aún la naturaleza cúltica de los salmos bíblicos.

E. S. Gerstenberger recientemente ha defendido que una gran mayoría de los salmos no derivarían del templo de Jerusalén, sino, en primer lugar, de pequeñas comunidades locales de alabanza, principalmente de la sinagoga del período post-exílico. No obstante, las bases para esta teoría no resultan convincentes. No sabemos nada acerca de la alabanza en la sinagoga durante el período persa –ni siquiera estamos seguros de que ya existieran las sinagogas en aquel momento– y Gerstenberger concede una importancia insuficiente tanto a las indicaciones de un origen cúltico como a la evidencia de que un buen número de salmos pertenezcan a la época anterior al exilio. Debe también señalarse que algunos eruditos que aceptan un lugar en el culto del templo para los salmos, hacen generalmente una excepción con los salmos de sabiduría y de la Torá, colocándolos en un contexto escolar, pero incluso esto es en algunos aspectos dudoso (ver el Capítulo 4).

Como libro de canciones para el culto, el Salterio ha sido considerado ocasionalmente en el pasado como «el himnario del segundo templo», es decir, del periodo post-exílico. Esto resulta justo si recordamos que una parte considerable de ese himnario fue también el himnario del primer templo, es decir, del período anterior al exilio. Discutiremos los problemas de la cronología en los Capítulos siguientes, pero, en términos generales, se puede decir que parece haber un predominio de los salmos anteriores al exilio en los primeros dos tercios del Salterio y de los salmos post-exílicos en el último tercio. Aunque estuvo de moda al final del siglo XIX y al comienzo del siglo XX considerar la mayoría de los salmos como tardíos (hasta el punto de que B. Duhm consideró el Salmo 137 del exilio como el salmo más temprano) posteriormente se hizo general la opinión de que hay un gran número de salmos pre-exílicos (postura llevada al extremo por I. Engnell quien consideró el Salmo 137 como el más tardío). Aunque durante los últimos años, algunos especialistas han intentado defender nuevamente la postura que el Salterio es mayoritariamente post-exílico (v. g. Gerstenberger, O. Loretz), en la actualidad, la mayoría reconocería que de hecho existen un gran número de salmos tanto anteriores al exilio como post-exílicos.

Los salmos y la música

Los salmos fueron compuestos para ser cantados, como la propia palabra salmo (heb. *mizmôr*) indica. Diversos tipos de instrumentos musicales aparecen mencionados en el Salterio. Entre los instrumentos de cuerda se encuentran la lira (heb. *kinnÛr*, v. g. Sal.: 33,2 y 43,4) y el arpa (heb. *nÂbel o nebel*, v. g. Sal. 33,2 y 57,8), siendo este último, el instrumento más grande y ruidoso. Los instrumentos de viento incluían el corno (heb. ëÜp^{a}r, v. g. Sal. 33,2 y 57,8), la trompeta (heb. Ê^{a}îos^{e}r≤, Sal. 98,6) y la flauta (heb. 'õg^{a}b Salmo 150,4). El corno, en ocasiones equivocadamente traducido «trompeta» en castellano, funcionaba más como una señal que como un instrumento musical. Los instrumentos de percusión incluían los címbalos (heb. îel^îelΔm, Sal. 150,4) y un tipo de tambor de mano o pandereta (heb. *t*Üp, v. g. Sal. 149,3 y 150,4).

Desgraciadamente, nunca sabremos cómo sonaban los salmos cuando eran cantados en el Antiguo Israel. De hecho, es muy poco lo que sabemos acerca de la música antigua en el Oriente Próximo. No obstante, hace unos pocos años, un salmo hurrita de Ugarit en Siria fue descubierto junto con detalles de su notación musical, fechado en la segunda mitad del segundo milenio a. C. Se ha realizado una grabación del salmo hurrita reconstruido y la música ha sido interpretada con una lira tomando como base antiguos patrones musicales (véase A. D. Kilmer, R. L. Crocker, and R. R. Brown, *Sounds from Silence: Recent Discoveries in Ancient Near Eastern Music*). Aunque no podemos saber hasta qué punto este salmo musical hurrita se aproxima a los del Antiguo Israel, eso al menos nos permite obtener una vislumbre de la música cúltica de su entorno.

Hay un número de oscuras expresiones musicales en los encabezamientos de los salmos. En algunas ocasiones pueden indicar una melodía, por ejemplo «según los lirios» (Sal. 45 y 69). Esparcida entre los salmos aparece la palabra *Selah*. La opinión más extendida es que se trata de una expresión que se refiere a un intervalo musical (instrumental); esta opinión cuenta con el apoyo de la versión griega de los Setenta, la cual siempre traduce esa palabra por *diapsalma*, «intervalo musical». Un apoyo adicional para este punto de vista proviene del hecho de que *Selah* generalmente aparece al final de una estrofa o donde hay una división natural o cambio de la disposición anímica del salmo (cf. Sal. 44,8; 46,7,11 y 89,37).

Lecturas adicionales

Sobre los distintos tipos de salmos (la mayor parte de los comentarios de los salmos tratan de esta materia en sus introducciones):

GUNKEL, H. y BEGRICH, J. *Einleitung in die Psalmen.*
JOHNSON, A. R. «The Psalms» en *The Old Testament and Modern Study.* H. H. Rowley, editor. Clarendon, Oxford, 1951, pp. 162-209.
MOWINCKEL, S. *The Psalms in Israel's Worship.*

Como una alternativa radical al sistema tradicional de clasificación de los salmos puede leerse:

KRAUS, H.-J. *Los salmos, pp. 38-62.*

Sobre el lugar de los salmos en el culto (la mayoría de los comentarios sobre los salmos dan por supuesto este punto de vista):

MOWINCKEL, S. *The Psalms in Israel's Worship.*

Textos que defienden que el origen de los salmos no se encuentra en el templo son:

ALBERTZ, R. *Persönliche Frömmigkeit und offizielle Religion* (Calwer theologische Monographien). Calwer, Stuttgart, 1978.
GERSTENBERGER, E. S. *Psalms*, part 1.

Sobre la música:

EATON, J. H. «Music's place in worship: a contribution from the Psalms», en *OTS* 23, 1984, pp. 85-107.
KILMER, A. D. y CROCKER, R. L. *Sounds from Silence: Recent Discoveries in Ancient Near Eastern Music.* Bit Enki publications. Berkeley, 1976.

Sobre la terminología musical en el encabezamiento de los salmos y otros temas:

KRAUS, H.-J. *Los salmos, 1,* partes de la 21 a la 32 (para las interpretaciones corrientes).
MOWINCKEL, S. *The Psalms in Israel's Worship, 2,* partes de la 207 a la 217. (Ofrece algunas interpretaciones cúlticas especulativas de ciertas expresiones consideradas habitualmente como musicales).

Capítulo 2

SALMOS
DE SÚPLICA

Los salmos de súplica individual

Introducción y estructura

Las súplicas individuales han sido llamadas acertadamente la columna vertebral del Salterio, porque son el tipo de salmo más común. Casi la tercera parte del Salterio pertenece a este género y los siguientes salmos se adscriben generalmente a él: Salmos 3-7; 9/10; 13; 17; 22; 25-28; 31; 35; 38-39; 40,13-17 = 70; 42/ 43; 51-52; 54-57; 59; 61; 64; 69-71; 77; 86; 88; 94,16-23; 102; 109; 120; 130 y 139-143.

No todos los salmos individuales de súplica se conforman a una sola estructura fija. Sin embargo, casi todos ellos empiezan con una invocación a Yahvé, por ejemplo: *«Dios, ten misericordia de mí»* (Sal. 56,1). Bastantes de estos salmos continúan con la súplica en sí. Esto puede incluir declaraciones sobre las aflicciones que está sufriendo el salmista, por ejemplo: «porque extraños se han levantado contra mí, y hombres violentos buscan mi vida; no han puesto a Dios delante de sí» (Sal. 54,3) o preguntas dirigidas hacia Dios como: «¿Hasta cuando tendré conflictos en mi alma, con angustias en mi corazón cada día?» (Sal. 13, 2). Sin embargo, unos pocos salmos carecen de la sección propia de súplica (por ejemplo Sal. 61 y 130), aunque siempre está presente en su trasfondo. En algunas ocasiones, el salmo puede incluir una afirmación de inocencia (por ejemplo: «Lavaré en inocencia mis manos, y así, Yahvé, andaré alrededor de tu altar», Sal. 26,6) o una confesión de pecado (por ejemplo: «porque yo reconozco mis rebeliones, y mi pecado está siempre delante de mí», Sal. 51,3), aunque, a menudo, ninguno de los dos está presente. La mayoría de los salmos contiene una petición a Yahvé, y esto normalmente sigue a la sección de súplica, aunque, en algunas ocasiones, la precede tal como en el Salmo 120. La petición generalmente implora a Yahvé para que éste libere al salmista de su aflicción, tal como en el Salmo 71,12 «¡No te alejes, Dios, de mí!; ¡ven pronto a ayudarme!». A veces, la petición también incluye un deseo de venganza contra los enemigos del salmista, por ejemplo: «Sean avergonzados, perezcan los adversarios de mi alma; Sean cubiertos de vergüenza y de confusión los que mi mal buscan» (Sal. 71,13). Un buen número de súplicas individuales concluyen con una nota positiva, expresando confianza en la liberación de Yahvé, por ejemplo, el Salmo 13, 5-6: «Mas yo en tu misericordia he confiado; mi corazón se alegrará en tu salvación. Cantaré a Yahvé por que me ha hecho bien». Las expresiones de confianza en algunas ocasiones pueden ser expresadas con anterioridad en el salmo, como por ejemplo en el Salmo 31,5.

Algunos eruditos prefieren llamar a las súplicas «salmos de queja», (por ejemplo, Westermann), mientras otros los ven primordialmente como peticiones de ayuda (por ejemplo, Gerstenberger). Por otro lado, C. Broyles, recientemente ha defendido que el término «salmo de queja» debería ser reservado para aquellos en los cuales la queja es sobre el propio Yahvé (por ejemplo, los Sal. 6; 35 y 39), mientras aquellos (la mayoría) en los que no ocurre esto deberían ser llamados «salmos de imploración» (por ejemplo los Salmos 57; 59; 61). Sin embargo, la terminología no es completamente adecuada, ya que casi todos los salmos de súplica contienen quejas (aunque no sean directamente en contra de Yahvé), además de peticiones. Sin embargo, es cierto que hay algunos salmos cuya característica es la aparición de expresiones como «¿Hasta cuándo?» (¡no es meramente una petición de información!) las cuales parecen mantener que Yahvé es el responsable de la aflicción del salmista, mientras muchos ruegan a Yahvé que les ayude sin culparle a Él. Como Broyles señala, los salmos de súplica individual que mantienen que Yahvé es responsable tienden a ser asociados sobre todo con experiencias cercanas a la muerte, y los salmos de súplica colectiva que mantienen que Yahvé es responsable tienden a ser especialmente asociados con desastres nacionales en los cuales la salvación parece haber sido indebidamente detenida. Es cuestión debatida, sin embargo, si los salmos de súplica debieran ser divididos tan limpiamente en dos subgrupos separados tal como propone Broyles. Por ejemplo, los Salmos 27; 69 y 143 son llamados por Broyles «salmos de petición», pero todos ellos contienen peticiones para que Yahvé no esconda su rostro (Sal. 27,9; 69,17 y 143,7). Seguramente existe sólo una fina línea de separación entre éstos y algunos de los que Broyles llama salmos de queja, en los que se afirma que Yahvé está escondiendo su rostro del salmista (Sal. 13,1 y 88,14). Más aún, el Salmo 102,2 contiene también la petición a Yahvé de que no esconda su rostro, pero este salmo, según Broyles, sería un salmo de queja tomando como base los versículos 11 y 24, mientras que los Salmos 38,1 y 69,26, que sostienen claramente que Dios es el responsable del sufrimiento, son llamados «salmos de petición» por Broyles. Seguramente, sería mejor pensar en un *continuum* que va desde los salmos en los que a Yahvé le echan la culpa del sufrimiento directamente, atraviesa los salmos en los que Él es considerado como alguien pasivo, hasta los salmos en los que Dios no es explícitamente responsable en absoluto, en lugar de intentar dividir limpiamente en dos grupos los salmos de súplica.

Los salmos de súplica individual han sido objeto de una considerable discusión, sobre todo con respecto a la identidad de los enemigos, la naturaleza de la aflicción expresada y la identidad del asunto de estos salmos. Es a estas cuestiones a las que ahora deberemos atender.

¿Salmos reales?

Hasta ahora nos hemos referido a estos salmos como súplicas individuales. En el año 1888, sin embargo, R. Smend argumentó que el «yo» de estos salmos no se refería a un individuo singular sino que era la personificación de la nación. Un caso en el que ocurre esto lo encontramos en el Salmo 129,1: «Por muchas angustias he pasado desde mi juventud –que lo diga ahora Israel–». Sin embargo, en 1912, E. Balla argumentó de una manera bastante convincente que el «yo» de estos salmos sí hacía referencia a un «yo» singular, a no ser que hubiera claras indicaciones de lo contrario, como en el Salmo 129,1. Balla señala que el «yo», en general, no es una personificación de la nación basándose en una serie de declaraciones personales en las súplicas, en las cuales se distingue al hablante de los otros miembros del culto (por ejemplo, Sal. 22,22; 27,10; 69,8 y 88,8). Se puede afirmar, en definitiva, que en la inmensa mayoría de los casos parece claro que la forma «yo» hace referencia a un individuo.

Muchos especialistas, sin embargo, han argumentado que aunque el «yo» es un individuo tiene una función representativa y habla en nombre de la nación. Desde este punto de vista deberíamos pensar en el «yo» como el rey o posiblemente el comandante del ejército o, en el período post-exílico, el Sumo Sacerdote. Si este punto de vista es correcto, los salmos de súplica individual o un número considerable de ellos serían realmente súplicas colectivas en primera persona en lugar de genuinas súplicas individuales.

H. Birkeland dedicó una monografía a este tema en 1933 en la cual afirmaba que, en la mayoría de las súplicas individuales, los enemigos eran extranjeros; y, en 1955, en un libro posterior, sostenía que éste siempre es el caso, incluso en los salmos de enfermedad que él siempre había excluido de esta interpretación. Desde este punto de vista, el tema de los salmos sería, como es natural, alguien que habla ejerciendo una función representativa en nombre de la nación, probablemente el rey. En apoyo de su posición, Birkeland señaló que, en algunos salmos, los enemigos son específicamente identificados como extranjeros (él cita los Sal. 9/10; 42/3; 54; 56 y 59); también advirtió que en algunos salmos de súplica individual hay una conciencia de peligro nacional (por ejemplo, Sal. 94), y así mismo subrayó que las descripciones de los enemigos anónimos en las súplicas individuales se parecen a las descripciones de los enemigos, extranjeros sin duda, en los salmos de súplica reales y colectivas.

A Mowinckel, en un trabajo posterior (cf. *The Psalms in Israel's Worship*, al contrario de lo que dijo en su anterior trabajo *Psalmenstudien*), le convenció Birkeland (que había sido su alumno) para que aceptara un número considerable de salmos de súplica individual como súplicas colectivas en primera persona, aunque él no aceptaba tantos como Birkeland. En esta categoría, él incluyó los Salmos 3; 5; 7; 9/10-12; 17; 22; 25-28; 31; 34-35; 37; 40; 42/3; 51-52; 54-57; 59; 61; 63-64; 69-71; 77; 86; 90; 94; 102; 109; 130 y 141-143. Más recientemente, J. H. Eaton también ha reabierto el caso para aceptar muchos de los salmos de súplica individual como salmos cuyo sujeto es el rey, que habla en nombre de la nación, siendo los enemigos extranjeros, aunque su posición no es tan extrema como la de Birkeland. En su opinión, las siguientes súplicas individuales poseen un claro contenido real: Salmos 3-4; 7; 9/10; 17; 22; 27-28; 35; 40; 57; 59; 69-71; 94; 140 y 143. Como casos menos claros incluye los Salmos 5; 31; 42/43; 51; 54-56; 77; 86; 102; 109; 139; 141 y 142, aunque él se inclina a considerar éstos también como salmos reales. Más aún, recientemente otro especialista británico, S. J. L. Croft, aunque está en desacuerdo con Eaton en muchos detalles, no obstante ve también una alta proporción de súplicas individuales como reales: Salmos 3; 5-7; 9/10; 13; 17; 22; 26-28; 31; 38; 40; 55-57; 59; 61; 69-71; 94; 108; 139-141 y 143.

¿Qué podemos decir de todo esto? Ciertamente parecería que hay ocasiones en las que los enemigos en las súplicas individuales son representados como extranjeros. Éste es explícitamente el caso en los Salmos 9/10; 56 y 59 (cf. 9,5.8.15.17.19; 10,16; 56,7 y 59,5.8). Sin embargo, la declaración de Birkeland de que los enemigos son ciertamente extranjeros en los Salmos 42/43 y 54 está sin comprobar, porque no está claro si la gente impía del Salmo 43,1 son extranjeros, y la lectura «extranjeros» ($z^{e}r\Delta m$) en el Salmo 54,3 puede ser menos preferible a la lectura «insolente» ($z\hat{A}dm$) atestiguada en algunos de los manuscritos hebreos y en el Tárgum (cf. también Sal. 86,14). De cualquier modo, es evidente que los enemigos son, por lo menos a veces, extranjeros en los salmos de súplica individual. En tales salmos es perfectamente plausible suponer que el sujeto es el rey o algún otro representante de la nación. Además, siempre deberíamos estar abiertos a la posibilidad de que los enemigos sean extranjeros en esos salmos donde no se dice explícitamente. También es interesante notar que Lamentaciones 3 está compuesta a la manera de una súplica individual y, como refleja la situación del exilio después de 586 a. C., los enemigos en este caso también deben ser extranjeros, específicamente los babilonios que invadieron Judá y destruyeron el Templo. Lamentaciones 3 hace que sea natural suponer que era común en el antiguo Israel que las súplicas individuales fueran compuestas haciendo referencia a enemigos extranjeros. A la vez, sin embargo, también sugiere que el que habla en tales salmos no es necesariamente el rey, como claramente ocurre en el caso de Lamentaciones 3 ¡ya que en aquellos momentos no había ningún rey en el trono!

Además, uno no puede dejar de notar que eruditos tales como Birkeland, Mowinckel, Eaton y Croft han exagerado en gran manera el número de los salmos de súplica individual en los que los enemigos son extranjeros y el sujeto el rey. Por eso, para empezar, está claro que la afirmación de Birkeland en el sentido de que los enemigos son *siempre* naciones extranjeras va más allá de la evidencia. El hecho de que haya ciertas similitudes entre lo que se ha dicho sobre los enemigos en las súplicas colectivas y los salmos reales cuando son claramente extranjeros, y lo que se ha dicho sobre los enemigos en las súplicas individuales, no debería llevarnos necesariamente a la conclusión de que los enemigos siempre son extranjeros donde no son nombrados como tales. Es inevitable el que haya ciertos rasgos en común entre las descripciones de los diferentes tipos de enemigo. Además, algunos de los salmos que mencionan enemigos son salmos de enfermedad (por ejemplo los Salmos 6; 13; 38; 39; 69 y 88), y aquí es extremadamente antinatural suponer que los enemigos sean extranjeros, como a la larga llegó a creer Birkeland; todas las indicaciones muestran que son vecinos que han llegado a odiar al salmista como a alguien abandonado por Dios (cf. también el Sal. 41,6 ss., un salmo de acción de gracias individual por la liberación de la enfermedad, ¡en el que los enemigos están incluso en el dormitorio!).

Ahora se pueden citar los siguientes argumentos contra el punto de vista de que los enemigos son primordialmente extranjeros, y éstos son relevantes para las perspectivas de Mowinckel y Eaton, así como también para la opinión más extrema de Birkeland. Por ello, en segundo lugar, encontramos que, en los salmos individuales de súplica, el salmista parece quedarse solo; nuevamente no hay ninguna sugerencia de que esté representando a un grupo (Westermann va demasiado lejos, sin embargo, cuando proclama que *nunca* hay ninguna sugerencia de esto). Esto es más fácilmente explicable si estos salmos realmente son de israelitas normales e individuales, en lugar de ser de representantes de la nación. En tercer lugar, es verdad que la imaginería violenta y guerrera es a veces atribuida a los enemigos, pero hay un número de pasajes que sugieren una violencia verbal en vez de física. Por ello, el Salmo 64,3 se refiere a los enemigos como «los que afilan como espada su lengua; lanzan como una saeta suya la palabra amarga» y expresiones similares se encuentran en los Salmos 57,4 y 140,3.9. Como veremos más tarde, a veces tendremos que aguantar estas falsas y calumniosas acusaciones dirigidas contra el salmista. En cuarto lugar, en un cierto número de salmos está claro que los enemigos son los israelitas locales, como en el Salmo 55,12-14: «No me afrentó un enemigo, lo cual yo habría soportado, ni se alzó contra mí el que me aborrecía, pues me habría ocultado de él; sino tú, hombre, al parecer íntimo mío, ¡mi guía y mi familiar!, que juntos comunicábamos dulcemente los secretos y andábamos en amistad en la casa de Dios» (cf. también los versículos 20 y ss.). Otros ejemplos son los Salmos 31,11; 35,11 ss.; 69,8.20 ss.; 88,8.18, estos cuatro salmos son, en cualquier caso, probablemente salmos de enfermedad (véase más abajo).

En quinto y último lugar, es interesante notar que la profecía de Jeremías contiene un buen número de pasajes que claramente reflejan la forma de la súplica individual (Jer. 11,18-12,6; 15,10-21; 17,14-18; 18,18-23 y 20,7-18, las llamadas «confesiones» de Jeremías). W. Baumgartner demostró convincentemente que deberíamos considerar que en Jeremías dependen de la forma del salmo y no *viceversa*, que es lo generalmente admitido en la actualidad. La evidencia incluye puntos tales como los que siguen: las súplicas de Jeremías muestran alguna influencia profética, pero los salmos muestran la forma pura. Hay otra evidencia de formas sálmicas en Jeremías y las súplicas individuales más antiguas se encuentran en el culto mesopotámico, haciendo posible que existieran en el culto de Israel antes del tiempo de este profeta. De acuerdo con esto tenemos una clara evidencia de que las súplicas de Jeremías ya existían en tiempos pre-exílicos en forma de súplica individual, que eran usadas por los ciudadanos privados y no estaban limitadas al rey. Es interesante observar que en Jeremías encontramos el uso de imágenes guerreras (cf. Jer. 15,20: «Y te pondré en este pueblo por muro fortificado de bronce; pelearán contra ti, pero no te vencerán, porque yo estoy contigo para guardarte y para defenderte») ¡lo cual, si hubiera ocurrido en el Salterio habría llevado a los eruditos a insistir en que se estaba hablando de una guerra real! Esto debería servirnos de aviso ante la posibilidad de la presencia de un lenguaje metafórico en la descripción del conflicto en el Salterio (por cierto, el punto de vista de R. P. Carroll, según el cual las súplicas de Jeremías son súplicas colectivas de los exiliados, es bastante difícil de justificar, dado que en ellas se emplea la forma «yo» y no el «nosotros» y, como ya hemos visto en el Salterio, esto señala a un individuo como sujeto a no ser que haya una fuerte evidencia en sentido contrario).

Salmos de los que tienen una enfermedad grave

No cabe ninguna duda de que algunos salmos de súplica individual están relacionados con la enfermedad, aunque hay algunas disputas sobre el número exacto de dichos salmos. Gunkel vio un número considerable de tales salmos en el Salterio, y también hizo lo mismo Mowinckel en sus primeros trabajos. Lo que puede parecer raro a primera vista al lector moderno es el hecho de que, muy a menudo, los salmos en que se producen quejas por la enfermedad también incluyan quejas respecto a los enemigos (cf. Sal. 6; 13; 38; 39; 69 y 88). Gunkel consideraba la hostilidad de los enemigos como consecuencia de la interpretación de la época de que la enfermedad era un signo de culpabilidad y de abandono de Dios de aquel que sufre. Este punto de vista es, ciertamente, la forma más natural de entender estos salmos, y es interesante notar que encontramos exactamente lo mismo en el libro de Job, donde los llamados «amigos» de Job consideran su enfermedad como una señal de su pecado (cf. también Job 19.13-22). La única diferencia es que los salmistas, en algunas ocasiones, admiten su pecado (cf. Sal. 38,3 ss.; 39,8.11), mientras Job mantiene su inocencia.

Sin embargo, en el volumen I de su *Psalmenstudien* (1921) Mowinckel ofreció una nueva explicación. Él mantenía que los enemigos en estos salmos deben ser entendidos como brujos, que han realizado encantamientos sobre el salmista, así que los salmos en cuestión son, por decirlo así, «anti-hechizos». Tal es el caso de muchos de los salmos babilónicos. A veces, en los salmos bíblicos los enemigos son llamados «obradores de maldad» *(pÜ'ªlÃ 'ªwen)*, como ocurre, por ejemplo, en los Salmos 5,5; 6,8; 59,2; 64,2; y Mowinckel afirma que esta expresión se refiere específicamente a brujos, mientras que la palabra *'ªwen* es un término técnico que designa a la hechicería.

En general, el punto de vista de Mowinckel ha tenido pocos seguidores. Los puntos principales que se alegan contra Mowinckel son los que vamos a señalar. En primer lugar, como ya ha señalado Gunkel y ha sido con frecuencia seguido desde entonces, no hay nada en los salmos que sugiera que los enemigos fueran considerados por ellos mismos como responsables de la enfermedad. En segundo lugar, es muy dudoso que el significado básico de *'ªwen* sea «hechicería» y, de hecho, no hay ninguna ocasión en el Antiguo Testamento donde éste sea el significado más natural. En tercer lugar, el hebreo tiene una raíz *këp* para referirse a la hechicería, pero, sin embargo, ésta no aparece en ningún lugar en los salmos. En cuarto lugar, es Yahvé mismo quien parece ser considerado en estos salmos como responsable de la enfermedad (por ejemplo, Sal. 38.1 ss. y 39.10 ss.), lo cual hace poco probable que los hechiceros o demonios sean considerados como la fuente (aunque puede haber rasgos de una idea demoníaca en el Sal. 91). El mismo Mowinckel modificó su propio punto de vista y sin negar que los «obradores de maldad» puedan ser hechiceros llegó a considerar a los enemigos más frecuentemente como «extranjeros», punto de vista que anteriormente hemos analizado.

¿Cuántas de las súplicas individuales son salmos de enfermedad? Como hemos dicho antes, Gunkel y Mowinckel, en sus

primeros trabajos, vieron un número considerable. Más recientemente K. Seybold ha dedicado una monografía completa a los
salmos de enfermedad y ha elaborado, con sumo cuidado, un
criterio para distinguir tales salmos, tomando principalmente
como base la terminología particular empleada. De los salmos de
súplica individual, él concluye que los Salmos 38 y 88 son, sin
ninguna duda, salmos de enfermedad y los Salmos 6, 13 y 51
pertenecen probablemente también a este grupo, mientras que hay
una gran posibilidad de que éste también sea el caso de los Salmos
31, 35 y 71. El vocabulario que sugiere «enfermedad» incluye
expresiones del tipo de «tu golpe/plaga» (Sal. 39,19), «mi golpe/
plaga» (Sal. 38,11) y «mi dolor» (Sal. 38,17 y 39,2). Las conclusiones de Seybold parecen ser totalmente razonables.

Mientras que no hay duda de que los salmos de acción de
gracias por la salvación de la enfermedad (véase más abajo) eran
cantados en el templo por el hombre que se había recuperado de
su enfermedad, hay incertidumbre sobre si los salmos de súplica
por la enfermedad eran recitados en el culto por la persona
enferma en cuestión. Seybold sostiene que la persona enferma no
hubiera podido hacerlo y que estos salmos más bien se hubieran
recitado en casa, aunque él cree que un representante de la persona
enferma pudo recitar un salmo en el culto.

Finalmente, es interesante notar que algunos de los salmos de
enfermedad emplean la imaginería del *Seol* (el mundo subterráneo)
para describir la condición del hombre enfermo. Por ejemplo, el
Salmo 88,3 ss. declara:

*Porque mi alma está hastiada de males y mi vida cercana al
Seol. Soy contado entre los que descienden al sepulcro; soy un
hombre sin fuerza, abandonado entre los muertos, como los
pasados a espada que yacen en el sepulcro, de quienes no te
acuerdas ya y que fueron arrebatados de tu mano. Me has puesto
en el hoyo profundo, en tinieblas, en lugares profundos.*

Obsérvese que se considera que el hombre enfermo está ya en el
Seol, esto refleja lo que a menudo se ha dicho de los hebreos,
que para ellos la enfermedad era en sí misma una señal de la
intrusión del *Seol* en la vida, una clase de muerte.

Salmos de los que han sido acusados injustamente

Se ha argumentado, sobre todo entre los eruditos alemanes, que alguna de las súplicas individuales son peticiones de justicia por parte de las personas contra quienes se han lanzado falsas o injustas acusaciones.

Hay muchas variaciones sobre este planteamiento general. Fue H. Schmidt el primero en elaborar este tipo de interpretación. Él mantenía que muchas de las súplicas individuales (Sal. 3-5; 7; 11; 13,17; 25-27; 31; 35; 38-39; 41-42/43; 52; 54-59; 69; 77; 86; 88; 94; 102; 109; 139-140 y 142) tenían lugar en un juicio sagrado durante el cual el acusado quedaba detenido en el Templo. Uno puede ver que, por lo menos, algunos de los salmos tienen sentido como peticiones de los que han sido falsamente acusados. Así, por ejemplo, el Salmo 27,12 afirma que «se han levantado contra mí testigos falsos y los que respiran crueldad», y algo similar leemos en el versículo 2 «los malignos, mis angustiadores y mis enemigos, para comer mis carnes». De nuevo, el Salmo 26 suena como una petición de justicia de cara a las falsas acusaciones, porque empieza con las palabras «Júzgame, Yahvé, porque yo en integridad he caminado», y continúa en el versículo 6 diciendo el salmista: «Lavaré en inocencia mis manos, y así, Yahvé, andaré alrededor de tu altar». El Salmo 7,3 y ss. también suena como una promesa de inocencia ante las acusaciones calumniosas «Yahvé, Dios mío, si de algo soy culpable, si hay en mis manos iniquidad, si he dado mal pago al que estaba en paz conmigo (al contrario, he libertado al que sin causa era mi enemigo), que me persiga el enemigo y me alcance, que pisotee en tierra mi vida y mi honra ponga en el polvo». No obstante, seguramente sería erróneo considerar que los numerosos salmos citados por Schmidt se encuentran dentro de este contexto. Muchos de los salmos de súplica individual carecen de cualquier indicación que haga posible situarlos en este preciso contexto. Más aún, no hay nada en ellos que indique que el salmista estuviera detenido en el Templo, y los pasajes fuera del Salterio a los cuales apela Schmidt como evidencia del juicio sagrado (Ex. 22,7 ss.; Dt. 17,7; 1 R. 8,31 ss.) no hablan para nada de detenciones.

Otro erudito, W. Beyerlin, comparte la opinión de que, en cierto número de salmos de súplica individual, el salmista se encuentra bajo un juicio sagrado en el Templo. Aquel que ha sido falsamente acusado recita un salmo para animar a Yahvé a intervenir en el juicio a su favor. Se entiende que este juicio tiene lugar durante el acto cúltico. Beyerlin no cree que todos los salmos de súplica individual tengan este particular trasfondo institucional, pero él mantiene que sí lo poseen los Salmos 3; 4; 5; 7; 11; 17; 23; 26; 27; 57 y 63. Su posición es claramente más modesta que la de Schmidt, ya que él no postula la detención cúltica, para la cual no hay evidencia, y el número de salmos que él incluye dentro de este grupo de los juicios cúlticos es mucho menor. Algunos salmos (por ejemplo 7; 26 y 27) ciertamente encajan dentro del grupo de las peticiones de los que han sido falsamente acusados. No obstante, parecen una evidencia insuficiente para postular la existencia de algo tan formal como un juicio cúltico, incluso en la línea presentada por Beyerlin.

L. Delekat propuso que las súplicas individuales eran, originalmente, inscripciones dejadas en el Templo por aquellos que buscaban asilo, más que composiciones litúrgicas, y busca extraer mucha información autobiográfica de ellos. No obstante, la altamente original reconstrucción de Delekat ha sido ampliamente criticada. Se ha señalado correctamente que el Antiguo Testamento sólo reconoce el derecho de asilo a aquellos que han cometido un homicidio fortuito (Ex. 21,12-14; Nm. 35,9-34; Dt. 19,1-13 y Jos. 20), mientras que los así llamados «salmos de asilo' nunca se refieren a este tipo de persona. Por otro lado, Delekat propone, basándose en estos salmos, la existencia de un derecho de asilo para otros diversos tipos de personas, con relación al cual el Antiguo Testamento mantendría un absoluto silencio. Sin embargo, nada en estos salmos sugiere que hayan sido inscripciones en lugar de piezas litúrgicas como los otros salmos, y el intento de Delekat de encontrar información detallada sobre estos salmistas parece fuera de lugar cuando recordamos el lenguaje generalizado y estereotipado que suelen utilizar los salmos.

En conclusión, puede afirmarse que ninguna de las propuestas pormenorizadas de Schmidt, Beyerlin o Delekat puede ser aceptada. Simplemente carecemos de evidencias para situar a los salmos de súplica individual frente a los transfondos institucionales que ellos proponen. No obstante, sigue siendo perfectamente plausible que al menos algunos salmos (por ejemplo Sal. 7; 26 y 27) puedan ser interpretados como peticiones de justicia por parte de aquellos que han sido objeto de acusaciones injustas.

Otras situaciones y conclusiones generales

Nuestra discusión ha mostrado que no hay soluciones sencillas para solucionar el problema de quien ora en las súplicas individuales o para identificar la naturaleza de los enemigos a los que se refiere. Algunos salmos pueden ser salmos reales y los enemigos naciones extranjeras; hay, de cualquier manera, más claras evidencias para los salmos de enfermedad, en los cuales los enemigos son los que atormentan al enfermo, mientras que otros salmos parecen reflejar una situación de falsas acusaciones.

Aún así, es necesario señalar que muchas de las súplicas individuales son enunciadas de una manera tan general y con una terminología tan estereotipada que ya no es posible deducir exactamente a qué se refiere la queja. Esto es exactamente lo que esperaríamos de salmos que fueron usados constantemente en la liturgia por una gran diversidad de personas. Muchos de los salmos de súplica individual están redactados en esa clase de términos vagos y generales que probablemente podían encajar en una amplia gama de tipos de aflicción. Aunque, sumadas a las tres conclusiones anteriores (el conflicto con naciones extranjeras, la enfermedad y las falsas acusaciones) uno pudiera tomar tales situaciones como persecución (cf. Lamentaciones de Jeremías), opresión social (cf. las referencias a los salmistas como «pobres») e incluso criminalidad en general (cf. el lenguaje similar de *Proverbios* 1). No se puede buscar claramente información autobiográfica detallada en estos salmos, ya que representan una situación general y recurrente más que situaciones particulares o definitivas.

La certeza de ser escuchado

En un amplio número de salmos de súplica individual se produce un marcado cambio de sentimiento hacia el final, en el cual el salmista expresa su confianza en que Yahvé ha escuchado su oración. Podemos encontrar esto en los Salmos 6,8 ss.; 7,10 ss.; 13,5 ss.; 28,6 ss.; 31,19 ss.; 52,8 ss.; 55,23; 56,9 ss.; 57,7 ss.; 61,5; 94,22 ss.; 130,7 s.; y 140,12 s. (cf. Jer. 20,11).

Se han desarrollado diferentes intentos de explicación de este hecho. Weiser supuso que, en ocasiones, los salmos son realmente salmos de acción de gracias, en los cuales se resume la súplica. De todas formas, aunque indudablemente hay salmos de acción de gracias individuales en los cuales ocurre esto (cf. Sal. 30,8-10 y 116,3 ss., 10 ss.), se hace constar siempre de manera explícita, y la súplica forma sólo una pequeña parte del salmo, mientras que en los salmos a los que aquí nos estamos refiriendo, la súplica constituye, con mucho, la parte más extensa de los salmos, por lo tanto, lo más natural sería considerarlos como salmos de súplica.

Una opinión extensamente seguida es aquella según la cual deberíamos suponer que un sacerdote pronunciaba un oráculo de salvación durante el período que está entre el final de la súplica y el comienzo de las palabras que implican la certeza de ser escuchado, lo cual, entonces, serviría como respuesta a la promesa salvadora de Yahvé. F. Küchler, en 1918, fue el primero en sostener esta teoría. Sin embargo, fue el artículo de J. Begrich de 1934 el que realizó la contribución más influyente a la discusión. Él llamó la atención sobre el hecho de que hay un buen número de «oráculos de salvación» en la profecía del *Deutero-Isaías* (Isaías 41,8-13.14-16; 43,1-3a.5; 44,2-5; 48,17-19; 49,7.15 ss,; 51,7 ss.; 54,4-8). Una característica de esos oráculos son las palabras «No tengas miedo porque...». Begrich observó que algunas de las expresiones encontradas se correspondían con aquellas utilizadas en las súplicas individuales (por ejemplo, Israel es definido como un gusano tanto en el Sal. 22,6 como en Is. 41,14). Él argumentó que esto proporcionaba una evidencia sobre la existencia de un oráculo sacerdotal de salvación, sobre el cual el Deutero-Isaías habría modelado sus propios oráculos entregados a un Israel abatido. Volviendo a los propios salmos de súplica individual, Begrich también afirmó encontrar un apoyo para la existencia del oráculo de salvación en el Salmo 35,3, donde el salmista clama, «di a mi alma: "¡Yo soy tu salvación!"»", y en Lamentaciones 3,55-57 donde leemos «Yahvé, tu nombre invoqué desde la cárcel profunda, y oíste mi voz. ¡No escondas tu oído del clamor de mis suspiros!, pues te acercaste el día que te invoqué y dijiste: "No temas"». Desde el tiempo de Begrich, material comparativo sobre Oriente Próximo también ha sido aducido en defensa de la noción del oráculo de salvación.

Sin embargo, un cierto número de eruditos siguen sin convencerse de que la intervención de un oráculo sacerdotal de salvación debería ser invocada para poder explicar el cambio de sentimiento al final de algunos salmos de súplica individual. Su principal argumento es que, en ninguno de estos salmos, el oráculo de salvación precede a la certeza de ser escuchado. Esto es sorprendente, dado que si el oráculo divino hubiera intervenido en este punto, seguramente debería haber sido el elemento más importante del procedimiento. Aunque se podría argumentar que nuestros textos sálmicos sólo nos dan las palabras del salmista y no la respuesta divina, resulta extraño que esto se haga con tanta consistencia, especialmente cuando recordamos que los oráculos divinos no son desconocidos en otras partes del Salterio (cf. Sal. 60,6-8 = 108,8-10) y que las súplicas individuales son tan numerosas. También debería ser tenido en cuenta que las expresiones de confianza en ocasiones se encuentran en las súplicas individuales en otros lugares diferentes del final: si un oráculo de salvación no es necesario para explicar este fenómeno, ¿necesitamos invocarlo para explicar expresiones de confianza cuando éstas aparecen al final? El hecho de que tales sentimientos sean más frecuentes al final de los salmos es completamente comprensible: el salmista querría terminar con una nota positiva y tales sentimientos hubieran sido animados por el mismísimo hecho de estar orando (véase más abajo). También ha sido señalado (por parte de A. Szörényi) que si los cambios de sentimiento han de ser atribuidos a la intervención de un oráculo sacerdotal de salvación, es raro que nunca tengamos salmos que terminen en una nota que pueda implicar la intervención de una respuesta sacerdotal de juicio. ¿Proclamaban siempre los sacerdotes la salvación? Es posible argumentar que los oráculos de salvación del Deutero-Isaías pueden haber sido tomados de otros contextos diferentes de los salmos de súplica individual ordinarios; E. Conrad, por ejemplo, ha argumentado recientemente que proceden de los oráculos divinos dirigidos al rey en un contexto de guerra, como sucede en el caso de los paralelos del antiguo Oriente Próximo que han sido citados.

Es plausible que, si había un oráculo sacerdotal de salvación, podría haber sido pronunciado después de que el salmo de súplica hubiera terminado, incluyendo las palabras que expresaban la confianza de ser escuchado. Puede ser a esto a lo que se refieren el Salmo 35,3 y Lamentaciones 3,55-57, aunque incluso estos pasajes no implican, necesariamente, un oráculo literal recitado por un sacerdote. Si éste fuera el caso, sería comprensible por qué los oráculos de salvación o juicio nunca se conservan, dado que hubieran pertenecido a una etapa posterior del procedimiento.

Aunque la teoría de un oráculo sacerdotal de salvación para explicar el cambio de sentimiento al final de algunos salmos de súplica individual no es imposible, la ausencia de tales oráculos del texto de nuestro Salterio hace que existan serias dudas sobre esta cuestión. Es más probable que el cambio de sentimiento se pueda explicar por algún proceso psicológico interno en el cual el salmista fuera capaz de anticipar la salvación deseada. Esta explicación puede apoyarse en el hecho observado por los estudiosos de la oración de que es frecuente que los que oran se encuentren con que los sentimientos de duda y desesperación finalmente dan lugar a sentimientos de confianza y seguridad. Como F. Heiler escribió en su famoso libro sobre la oración, *Prayer*, «Una maravillosa metamorfosis se produce en la oración en sí, inconscientemente, involuntariamente, o bastante repentinamente...; el sentimiento de incertidumbre e inestabilidad es reemplazado por la feliz conciencia de ser cuidado, escondido dentro de la mano de un poder protector más alto» (pp. 259-60). Indudablemente, en cualquier caso se hubiera considerado deseable terminar con una nota positiva.

Los salmos de súplica colectiva

Las súplicas colectivas y su contexto cúltico

Uno de los tipos más importante de salmos es el de las súplicas colectivas (por ejemplo, los salmos en los que el pueblo de Israel como una unidad se lamenta de su destino ante Yahvé y oran pidiendo que Él les salve). Los salmos generalmente atribuidos a este género son: Salmos 12; 44; 60; 74; 79; 80; 83; 85; 94.1-11; 126 y 137. Los Salmos 58 y 90 tienen también algunas de las características de las súplicas colectivas. Es obvio que en número son mucho menos que las súplicas individuales. Fuera del Salterio, uno puede distinguir súplicas colectivas como Isaías 63,7-64,11; Jeremías 14,2-9.19-22 y Lamentaciones 5. Los salmos de súplica colectiva tienden a preocuparse de los desastres políticos y militares que afligen a la nación. Tenemos indicaciones en dos textos proféticos, Jeremías 14 y Joel 1-2, de que la súplica colectiva también podía ser provocada por otros desastres como la sequía o la langosta.

Se acepta generalmente que el contexto (*Sitz im Leben*) de estos salmos han sido días especiales designados para la súplica en el Templo. Podemos leer sobre situaciones parecidas en textos como Josué 7,5-9; Jueces 20,23,26; 1 Samuel 7,6; 2 Crónicas 20,3 ss.; Jeremías 14; Joel 1-2; Zacarías 7,3,5; 8,19 y Judith 4.9-15. El ayuno, vestirse de saco, lamentarse, rasgarse las vestiduras y ponerse polvo y ceniza sobre la cabeza eran algunas de las acciones que se llevaban a cabo en estas ocasiones. Hay un relato particularmente vivo de estas ceremonias en Judith 4,9-15.

Zacarías 7,3,5 y 8,19 alude a una cantidad de días de ayuno que habían sido observados durante el exilio y en los primeros momentos del período post-exílico, los cuales conmemoraban los diversos desastres que tuvieron lugar durante los últimos momentos del reino de Judá. Uno de ésos, el ayuno del quinto mes, lamentaba la quema del templo en 586 a. C., y este acontecimiento tiene dos fechas diferentes, el séptimo día del quinto mes (2 R. 25,8-9) o el décimo día del quinto mes (Jer. 52,12-13). Uno puede imaginarse bien que salmos como el 74 y el 79 fueron recitados en estas ocasiones.

La estructura de los salmos de súplica colectiva

Por lo general, las súplicas colectivas comienzan con una invocación a Dios. No existe un orden fijo en lo que sigue, pero la parte principal de la súplica consiste normalmente en una queja dirigida directamente a Dios y súplicas para que Él los libere. La queja, en algunas ocasiones, adopta la forma de una pregunta, por ejemplo: «¿Hasta cuándo?» (cf. Sal. 74,10; 79,5; 80,4 y 94,3) o «¿Por qué?» (cf. Sal. 44,24 y 74,1.11) y, en otras ocasiones, la forma de una afirmación según la cual Dios les ha olvidado o algo por el estilo (cf. Sal. 44,9-16; 60,1-3 y 80,5-6). La súplica de liberación suele adoptar la forma del imperativo, por ejemplo: «Levántate... despierta» (Sal. 44,23), «Levanta» (Sal. 74,22), «Ayuda» (Sal. 12,1), «Ayúdanos» (Sal. 79,9), «Restáuranos» (Sal. 80,3.7.9 y 85,4), «Devuélvenos nuestras fortunas» (Sal. 126,4), O «protégenos, guárdanos» (Sal. 12,7), aunque también encontramos el uso de la forma yusiva («deja...», «permite...») como en el Sal. 126,5, «¡Los que siembran con lágrimas, cosecharán con gritos de alegría!», la petición de liberación, en algunas ocasiones, incluye una imprecación contra el enemigo (especialmente dura en los Salmos 137,7-9 y 79,12). La parte principal del salmo tiende también a incluir acusaciones en la tercera persona del plural sobre lo que el enemigo ha hecho (cf. Sal. 12,1-2,8; 58,1-5; 74,3b-8; 79,1-3; 80,16; 83,2-8 y 94,4-7) y, con menor frecuencia, afirmaciones en la primera persona del plural acerca de la situación del pueblo (Sal. 44,22; 74,9; 79,4 y, especialmente, 137,1-4).

En algunas ocasiones, las acciones misericordiosas de Yahvé en el pasado se citan como motivación para que Él actúe en el presente (cf. Sal. 74,12-17; 80,8-11; 83,9-12; 85,1-3; y posiblemente también 126,1-3), y ocasionalmente hay expresiones de inocencia (Sal. 44,17-21) o de admisión del pecado (Sal. 79,8-9). También hay, ocasionalmente, un oráculo divino que expresa la salvación del pueblo (Sal. 12,5; 60,6-8 = 108,7-9 y 85,8-13), una expresión de confianza (Sal. 60,12 = 108,13) o una promesa de agradecimiento y obediencia en el futuro (Sal. 79,12; 80,18a).

Datación

Debido a que las súplicas colectivas tienden a referirse a desastres políticos importantes, podemos datarlas con más facilidad que otros muchos salmos. Así, los Salmos 74, 79 y 137 se refieren al período del exilio en Babilonia que sigue inmediatamente a la destrucción del templo en 586 a. C. El Salmo 137 no puede ser más claro con sus famosos primeros versos «Sentados junto a los ríos de Babilonia, llorábamos al acordarnos de Sión» y su imprecación de cierre contra los babilonios y los edomitas a causa del «día de Jerusalén». Aunque los Salmos 74 y 79 han sido conectados en ocasiones con el período de la revuelta macabea en el siglo II a. C., es preferible relacionarlos con la destrucción del templo por los babilonios en 586 a. C. Por esa razón el Salmo 74 habla de la destrucción del templo (v. 7), lo que encaja con los hechos de 586 a. C., pero no con la profanación del templo realizada por Antioco IV Epífanes en 186 a. C., ya que él únicamente quemó sus puertas (1 Mac. 4,38 y 2 Mac. 1,8) y profanó el santuario (1 Mac. 1,23,39; 2 Mac. 6,5). El Salmo 79,1 apunta a la destrucción del templo sin afirmarlo explícitamente (cf. el paralelismo del v. 1, «¡Han profanado tu santo templo! ¡Han reducido Jerusalén a escombros!») y el salmo no hace ninguna referencia a la proscripción del judaísmo como ocurrió bajo el reinado de Antioco IV Epífanes.

El Salmo 126 se refiere, con la misma claridad, al período del siglo VI a. C., después de que Ciro, rey de Persia, permitiera que los judíos del exilio volvieran a Palestina, y cuando las expectativas optimistas del comienzo, aumentadas por el Deutero-Isaías, no se vieron realizadas (cf. Hag. 1). Esta situación explica el contraste entre los versículos 1 y ss. y 4 y ss., «Cuando Yahvé hizo volver de la cautividad a Sión, fuimos como los que sueñan... ¡Haz volver nuestra cautividad, Yahvé, como los arroyos del Neguev!». Esta interpretación parece preferible a la que ofrece W. Beyerlin, que cree que el salmo pertenece a la época del exilio y que sus dos partes no hacen referencia a diferentes situaciones históricas, sino que la tensión se encuentra «entre la salvación ya aprehendida por medio de la fe y la súplica de que ésta "aparezca"». Beyerlin siguiendo en esa línea, ve el versículo 1 como equivalente a: «Cuando Yahvé hizo volver de la cautividad a Sión, fuimos como los que sueñan...». Otro salmo que refleja de una forma muy plausible el mismo período es el Salmo 85, ya que aquí encontramos otra vez la misma tensión entre la restauración de la nación por parte de Yahvé y un renovado período de lamentos.

El Salmo 80 ha sido considerado, en ocasiones, como un salmo procedente del reino del norte, fechado no mucho antes de su caída a manos de los asirios en 722 a. C. (nótese la alusión a las tribus de Efraín, Benjamín y Manasés en el v. 2). Sin embargo, la referencia a Yahvé sentado en el trono sobre los querubines del versículo 1, puede indicar que su origen está en el templo de Jerusalén, ya que los querubines (esfinges aladas) en el templo constituían el trono de Yahvé en la tierra, desde el punto de vista del Reino del Sur de Judá. Un origen sureño puede venir indicado también por el versículo 11, si, como parece ser, está mirando con nostalgia hacia atrás, al imperio davídico-salomónico. El salmo, de ese modo, puede reflejar la preocupación por el norte y por el sur, ya sea a fines del siglo VIII o en algún momento del siglo VII a. C. Es interesante que la Septuaginta juzgó correctamente el sentido del salmo con su encabezamiento «sobre los Asirios».

El Salmo 44 refleja claramente un gran desastre nacional de carácter militar de algún tipo, pero no es posible discernir de manera precisa cuál fue. Las otras súplicas colectivas también son muy difíciles de situar con precisión.

Lecturas adicionales

Sobre las súplicas individuales:

ANDERSON, G. W. «Enemies and Evildoers in the Book of Psalms» en *BJRL*, 48, 1965, pp.18-29.

BELLINGER, W. H. *Psalmody and Prophecy* (JSOT Supplement Series, 27), JSOT. Sheffield, 1984.

BIRKELAND, H. *The Evildoers in the Book of Psalms*, Dybwad. Oslo, 1955.

BROYLES, C. C. *The Conflict of Faith and Experience in the Psalms: a Form-Critical Theological Study* (JSOT Supplement Series, 52), JSOT, Sheffield, 1989.

CROFT, S. J. L. *The Identity of the Individual in the Psalms* (JSOT Supplement Series, 44), JSOT. Sheffield, 1987.

EATON, J. H. *Kingship and the Psalms*, 2nd end, JSOT. Sheffield, 1986.

LESLIE, E. A. *The Psalms*. Abingdon-Cokesbury Press, New York/ Nashville, 1949 (contiene una exposición de las opiniones de Schmidt en inglés).
MOWINCKEL, S. *The Psalms in Israel«s Worship 1*, 225-46; y 2, 1-25.
WESTERMANN, C. *Praise and Lament in the Psalms*. T. & T. Clark. Edimburgo, 1981.

Un importante número de trabajos sobre las súplicas individuales están escritos en alemán:

BALLA, E. *Das Ich der Psalmen*, Vandenhoeck & Ruprecht. Göttingen, 1912.
BEYERLIN, W. *Die Rettung der Bedrängten in den Feindpsalmen der Einzelnen auf institutionelle Zusammenhänge untersucht* (FRLANT,99). Vandenhoeck & Ruprecht, Göttingen 1970.
BIRKELAND, H. *Die Feinde des Individuums in der israelitischen Psalmenliteratur.* Grondahl, Oslo, 1933.
DELEKAT, L. *Asylie und Schutzorakel am Zionheiligtum*. Brill, Leiden, 1967.
GERSTENBERGER, E. *Der bittende mensch.* Neukirchener Verlag, Neukirchen, 1980.
MOWINCKEL, S. *Psalmenstudien,1*.
SCHMIDT, H. *Das Gebet der Angeklagten im Alten Testament* (BZAW, 49). A. Töpelmann, Giessen, 1928.
SEYBOLD, K. *Das Gebet des Kranken im Alten Testament* (BWANT, 99). W. Kohlhammer, Stuttgart, 1973.

Sobre la seguridad de ser escuchados:

BEGRICH, J. «Das priesterliche Heilsorakel» en *ZAW* 52, 1934, pp. 81-92.
CONRAD, E. W. *Fear Not Warrior: A Study of «al tîra« Pericopes in the Hebrew Scriptures* (Brown Judaic Studies,75). Scholars, Chicago, 1985.
FROST, S. B. «Asseveration by Thanksgiving» en *VT* 8, 1958, pp. 380-90.
GUNKEL, H. y BEGRICH, J. *Einleitung in die Psalmen,* pp. 243-47.

KÜCHLER, F. «Das priesterliche Orakel in Israel und Juda», en *Abhandlungen zur semitischen Religionsgesichte*, pp. 285-301, (W:W: Graf von Baudissin Festschrift, BZAW,33); ed. W. Frankenberg y F. Küchler. A. Töpelmann, Giessen, 1918.

SZÖRÉNYI, A. *Psalmen und Kult im Alten Testament*, pp. 286-307. Sankt Stefans Gesellschaft, Budapest, 1961.

WEVERS, J. W. «A Study in the form Criticism of Individual Complaint Psalms», en *VT* 6, 1956, pp. 80-96.

Sobre las súplicas individuales y las confesiones de Jeremías:

BAUMGARTNER, W. *Jeremiah«s Poems of Lament*. Almond, Sheffield, 1988.

CARROLL, R. P. *From Chaos to Covenant*, pp. 107-135. SCM, London, 1981.

Sobre las súplicas colectivas en general:

LIPINSKI, E. *La liturgie pénitentielle dans la Bible (Lectio Divina, 52)*, Les éditions du Cerf, París, 1969.

MOWINCKEL, S. *The Psalms in Israel«s Worship*, 1, pp. 193-224.

SABOURIN, L. *The Psalms: Their Origin and Meaning*, 2, pp. 141-184.

Sobre Salmos de súplica colectiva específicos:

BEYERLIN, W. *We are like Dreamers. Studies in Psalm 126*. T. & T. Clarck, Edimburgo, 1982.

HARTBERGER, B. «An den Wassern von Babylon...» en *Psalm 137 auf dem Hintergrund von Jeremia 41, der biblischen Edom-Traditionen und babylonischen Originalquellen*. (Bonner biblische Beiträge, 63), Peter Hanstein, Frankfurt am main/ Bonn, 1986.

Capítulo 3

SALMOS DE ALABANZA Y ACCIÓN DE GRACIAS

Himnos

Estructura Básica

Uno de los tipos principales de salmo es el himno o salmo de alabanza (hebreo *tᵉhillᵉ*). Aunque no todos ellos tienen la misma estructura, un buen número de ellos tienen la siguiente estructura tripartita:

1. Llamada introductoria a la alabanza.
2. La parte principal del salmo: la motivación para la alabanza (a menudo introducida por la partícula *kî*, «por»).
3. Repetición final de la llamada a la alabanza.

El más corto de los salmos que forman el Salterio, el Salmo 117, ilustra esta estructura tan simple de la manera más breve posible:

1. *Alabad a Yahvé, naciones todas;*
   Pueblos todos alabadlo.
2. *Porque ha engrandecido sobre nosotros su misericordia, y la fidelidad de Yahvé es eterna.*
2c. *¡Aleluya!*

Existen muchas variantes sobre esta forma básica. Por ejemplo, además de la fórmula «*Alabad al Señor*», la llamada introductoria a la alabanza puede incluir las palabras «*Bendecid a Yahvé*» (Sal. 134), «*Alabadlo, bendecid su nombre*» (Sal. 100), o «*Alegraos...en Yahvé*» (Sal. 33). En algunas ocasiones la llamada a la alabanza de la introducción se repite posteriormente en el transcurso del salmo (Sal. 147,7, 12 y 148,7), o bien puede ser omitida del todo, como en los salmos de Sión (Sal. 46; 48; 76; 84; 87 y 122). F. Crüsemann es de la opinión que en el punto dos de la estructura básica dibujada más arriba, la palabra *kî*, «por», no debe ser entendida como una partícula introductoria de los motivos para la alabanza, sino que introduciría los propios contenidos de ésta. No obstante, tiene que quedar claro que esta interpretación de *kî* podría ser contraria a su uso habitual en hebreo. La sección de motivación para la alabanza puede ser introducida también de otras maneras, v. g. por medio de participios (Sal. 136,4 ss., 147,8 ss. y 14-17). En el Salmo 150, la motivación (v. 2) casi se pierde en medio de las repetidas llamadas a la alabanza. La última repetición de la llamada a la alabanza, con la que normalmente concluyen los himnos, puede ser omitida también, como por ejemplo en los Salmos 29 y 33.

Los diversos tipos de Himnos y sus temas

Entre los Himnos se incluyen los Salmos 8, 19A (i. e. vv. 1-6); 29; 33; 46-48; 65; 66A; 68; 76; 84; 87; 93 ; 95-100; 103-104 (105); 111; 113-114; 117; 122; 134-136 y 145-150. Como se verá, en ocasiones aparecen agrupados juntos y con mayor frecuencia en la segunda mitad del Salterio, de la misma manera que las súplicas se encuentran con más frecuencia en la primera mitad. La nota distintiva del Salterio es, por tanto, la alabanza, y, de hecho, el título general del Salterio en hebreo es: «*t^ehillîm* (literalmente «alabanzas»). Virtualmente, todos los Himnos del último tercio del Salterio pertenecen al período post-exílico (aunque muy probablemente no el 104), mientras que muchos (aunque no todos) los que encontramos en las dos primeras partes pertenecen al período pre-exílico.

En el llamamiento a alabar a Yahvé no sólo se incluye a Israel, sino también a las naciones extranjeras; y, de hecho, a toda la tierra (Sal. 33,8; 47,1; 66,1,8; 96,1; 97,1; 98,4; 100,1; 145,21 y 148,11), los dioses o ángeles (Salmos 29,1; 97,7; 148,2) e, incluso, a la naturaleza (Sal. 19,1-4; 96,11-12; 98,7-8; 148,3-11). El Salmo 148 enumera un completo catálogo de seres (la mayoría procedentes de la naturaleza) que son exhortados a alabar a Yahvé, y G. von Rad ha sugerido que esto refleja la influencia de las listas de sabiduría del antiguo Oriente Próximo u onomástica, en las que diferentes seres del universo aparecían catalogados a manera de enciclopedia. No obstante, en fechas más recientes, D. R. Hillers ha señalado que esta hipótesis es innecesaria, porque los mismos himnos egipcios y mesopotá-micos contienen listas semejantes a la del Salmo 148; más aún, la onomástica no se encuentra especialmente cercana a estos catálogos de los salmos.

En las secciones de motivación se ofrecen diversas razones para alabar a Yahvé. Básicamente, esas razones están relacionadas con la grandeza y la bondad de Yahvé tal y como se manifiestan en torno a dos conceptos principales: su creación del mundo y sus actuaciones misericordiosas en la historia de Israel. Lo primero puede encontrarse, por ejemplo, en los Sal. 33,6-9; 65,6-13; 95,4-5; 135,6-7; 136,5-9; 146,6; 147,4,8-9; 16-18; 148,5-6; y lo último, en los Salmos 68,7 ss.; 135,8-12; 136,10-24 y 147,2. Como veremos, en algunas ocasiones ambos temas aparecen en el mismo salmo.

De vez en cuando, todo un salmo puede centrarse en el tema de la creación o en el dominio de Yahvé sobre la na-turaleza. Esto es lo que ocurre en los Salmos 8; 19A, 29 y 104. El Salmo 8 destaca de los demás por su concepción de la creación del hombre por Yahvé como distinta de la creación del resto del mundo. Guarda algunos claros paralelismos con Génesis 1,26 y ss., es decir, con el tema del dominio del hombre sobre todas las criaturas de la tierra y con la comparación de los seres humanos con los ángeles o dioses, la corte celeste de Yahvé. En relación con lo último, el Salmo 8,5 afirma que el hombre ha sido hecho «poco menor que los dioses o los ángeles» (no menor que Dios), mientras que en Génesis 1,26 y ss. el hombre ha sido hecho a Su imagen (ésta es la clave de la frase «Hagamos al hombre a nuestra imagen»). El hecho de que el Salmo 8 sea un himno centrado en el ser humano crea un problema para la tesis de R. Albertz, quien opina que mientras el tema de la creación del mundo tiene su lugar original en el himno, el de la creación del hombre tiene su lugar original en la súplica individual. Albertz tiene, por lo tanto, que defender que el Salmo 8 es un desarrollo de la súplica, lo que no resulta natural.

El Salmo 104 merece ser destacado, no sólo por su amplio tratamiento del tema de la creación y sus llamativos paralelismos con el himno egipcio dedicado a Atón por el faraón Akhenatón (sobre el cual volveremos después), sino también por la manera en que su ordenación de los temas tratados concuerda con el orden de la creación que nos ofrece Génesis 1:

Sal. 104,1-4	Creación del cielo y de la tierra	cf. Gn. 1,1-5
Sal. 104,5-9	Las aguas son retiradas de la tierra	cf. Gn.1,6-10
Sal. 104,10-13	Uso beneficioso de las aguas	Implícito en Gn. 1,6-10
Sal. 104,14-18	Creación de la vegetación	cf. Gn.1,11-12
Sal. 104,19-23	Creación de las luminarias	cf. Gn.1,14-18
Sal. 104,24-26	Creación de las criaturas marinas	cf. Gn.1,20-22
Sal. 104,27-30	Creación de los seres vivos	cf. Gn.1,24-31

Aunque en ocasiones se ha supuesto que el Salmo 104 depende de Génesis 1, lo contrario sería, de hecho, más probable. A favor de la prioridad del salmo, por ejemplo, está el hecho de que, el conflicto de Yahvé con el caos de las aguas en el Salmo 104,1-9 refleja un entendimiento más primitivo y más mitológico que el de Génesis 1,6-10, en donde el control de Dios sobre las aguas se ha convertido en una simple cuestión de trabajo. De la misma manera, el Salmo 104,26 emplea el mitológico nombre de Leviatán para designar a un ser marino, mientras que el pasaje correspondiente de Génesis 1,21 habla de manera menos mitológica de «los grandes monstruos del mar». De nuevo, Génesis 1,24 utiliza una forma poco usual de la palabra para «bestia(s)», Êay*tÛ, cuya utilización sólo se ha atestiguado en contextos poéticos; como en el Salmo 104,11.20, lo cual sugeriría la dependencia de Génesis 1 de diversos textos poéticos, probablemente el Salmo 104.

Para tres de los himnos centrados en el poder de Yahvé sobre la naturaleza y la creación pueden defenderse paralelismos sorprendentes con textos del antiguo Próximo Oriente (Sal. 19; 29 y 104). Respecto al Salmo 104, sus paralelismos con el himno al sol del faraón Akhenatón (ANET, 369-71) son de tal magnitud que sugieren algún tipo de dependencia. El conocido como faraón herético, emprendió una revolución monoteísta y adoró sólo al disco solar, Atón, durante el siglo XIV a. C. La revolución religiosa de Akhenatón no sobrevivió mucho después de su muerte y es difícil saber exactamente cómo, el autor del Salmo 104, pudo conocer su himno; pero que existe algún tipo de conexión entre ambos es innegable. Es interesante observar que los ecos del himno de Akhenatón se encuentran posteriormente, incluso, en la tumba de Petosiris, en Egipto. Los paralelismos son especialmente fuertes con los versículos 20 a 30 del Salmo 104, donde todos los versículos, excepto el 28, tienen una equivalencia (aunque no en el mismo orden).

Para el caso del Salmo 29, el trasfondo es cananeo en vez de egipcio. El trueno septiforme de la divinidad (vv. 3-9) combinado con su victoria sobre el caos de las aguas (vv. 3 y 10) y su exaltación como rey (v. 11) presenta muchas reminiscencias del dios cananeo de las tormentas, Baal, cuya victoria sobre el dios del mar, Yam, le supuso obtener el señorío sobre los dioses, y cuyos «siete relámpagos..., ocho almacenes de truenos» (quizá una manera poética de decir «siete relámpagos y almacenes de truenos») están también atestiguados por textos ugaríticos. Son tan amplias las coincidencias entre el Salmo 29 y la mitología cananea sobre Baal que, muy a menudo, se ha supuesto que el salmo ha sido, simplemente, tomado de un himno cananeo a Baal y que se ha sustituido el nombre de Baal por el de Yahvé. No obstante, esto probablemente es ir demasiado lejos, porque el versículo 11 suena más yahvístico que baalístico («El Señor da fuerza a su pueblo;

el Señor bendice a su pueblo con paz»), por lo tanto, incluso aquellos que sostienen la tesis arriba mencionada, en algunas ocasiones tienen que defender la tardía incorporación de este versículo al salmo, mientras el versículo 8 (¡El Señor sacude el desierto de Cades!) suena como una alusión a la teofanía de Yahvé en el Sinaí (cf. Éx. 19,16-18; Hab. 3,3-7). Es, por tanto, preferible ver en la base del Salmo 29 los prototipos de Baal, en lugar de una simple reproducción literal de un salmo a este dios, con la mera sustitución de Yahvé por Baal.

El Salmo 19 funciona a la vez como un Himno y como un salmo sapiencial (Torá), y en el Capítulo 4 señalaremos sus paralelismos con el antiguo Oriente. Como veremos, un himno al dios-sol del antiguo Oriente, estaría en la base del salmo y, de hecho, semejante origen demostraría cómo las dos mitades del salmo concuerdan entre sí, porque el sol es visto como fuente de la ley y de la justicia (vv. 7 y ss.), así como de la luz (vv. 4c-6).

Pero no sólo la creación, sino también las actuaciones de Yahvé en la historia pueden aparecer formando el tema principal de un himno. Éste es el caso del Salmo 105. Sin embargo, aunque éste sea formalmente un himno, la naturaleza de su contenido lo entroncaría, más bien, junto con los Salmos 78 y 106 en el apartado de los salmos históricos (ver el Capítulo 4).

Un elevado número de salmos se refieren al monte de Sión y al Templo; pero hay 6 himnos que se centran en Sión, son los Salmos 46; 48; 76; 84; 87 y 122. Los Salmos 84 y 122 pueden ser denominados «himnos de peregrinación», mientras que el Salmo 87 es el «salmo ecuménico». Los Salmos 46; 48 y 76 forman un grupo que tiene en común el tema de la inviolabilidad de Sión: en ellos se describe a las naciones subiendo para atacar a Sión, que son derrotadas milagrosamente por Yahvé. Éste parece ser un tema cúltico, que dependería de una tradición pre-israelita; una tradición cananea.

Otra subcategoría de himnos sería la formada por los salmos de entronización (Sal. 47; 93; 96-99), los cuales celebran la entronización de Yahvé como rey. Éstos serán estudiados con más detalle posteriormente, en el capítulo 5.

Los salmos de acción de gracias individuales

Su relación con los himnos y las súplicas individuales

Uno de los principales tipos de salmos analizado por Gunkel era el de los «salmos de acción de gracias individuales», también identificó un número menor de «salmos de acción de gracias colectiva». Los «salmos de acción de gracias» dan gracias y alabanza a Dios por un hecho específico de liberación, que ha sido experimentado por el salmista, mientras que los Himnos alaban a Dios de manera más general por sus atributos y hechos. Esta terminología ha sido generalmente aceptada hasta el día de hoy. Sin embargo, C. Westermann ha argumentado que no existe ningún género independiente de «acción de gracias» completamente distinto del conocido como «himnos». Para Westermann ambos son salmos de alabanza, lo que antes se conocía como «himnos», él los denomina ahora «salmos descriptivos de alabanza» y a los que antes se llamaba «salmos de acción de gracias» él pasa a denominarlos «salmos declarativos de alabanza». Westermann insiste en que el hebreo carece de una forma específica para la expresión «dar gracias», y que el verbo *hôdâ* que ha sido tradicionalmente traducido como «dar gracias», significa más bien «alabar».

Existen, ciertamente, puntos de contacto entre los que tradicionalmente han sido denominados «himnos» y los que son llamados «salmos de acción de gracias», y un cierto número de estudiosos ha adoptado la nueva terminología de Westermann para ellos. No obstante, la mayoría parece contenta con utilizar la vieja terminología, la cual tiene la ventaja de ser más clara y más simple. La crítica más minuciosa de las posturas de Westermann ha venido de otro erudito alemán, F. Crüsemann. Éste insiste en que debemos continuar manteniendo la identidad de la categoría de los «salmos de acción de gracias individuales», completamente separada de los «himnos» ya que los anteriores, en su origen al menos, eran recitados en conexión con el sacrificio de la *tôdâ* (una ofrenda de acción de gracias), dándoles, así, un contexto (*Sitz im Lebem*) diferente. También argumenta que la evidencia que nos ofrece el contexto apoya un significado para *hôdâ* más cercano a «dar gracias» que a «alabar», porque denota una respuesta a una liberación particular (por otra parte, Crüsemann no llega a encontrar ningún «Salmo de acción de gracias colectiva» en el salterio, véase más abajo).

A diferencia de los «himnos», los «salmos de acción de gracias individuales» mantienen una especial relación con las «súplicas individuales». Es como si fueran las dos conchas de un mejillón. Los salmistas en las «súplicas individuales» prometen a Dios que ellos cantarán un salmo de acción de gracias (cf. Sal. 7,17; 13,5; 26,12 y 35,28), y cumplen sus votos con una ofrenda de acción de gracias o algo similar (cf. Sal. 27,6; 54,6-7; 56,12 y 61,8), si es que sus súplicas obtienen una respuesta satisfactoria liberándolos de la tribulación (para la ofrenda de acción de gracias, véase Lv. 7,11 y ss.; 22, 29 ss.). Los «salmos de acción de gracias individuales» representan la reacción a la respuesta de Yahvé a sus oraciones de súplica y, en algunas ocasiones, también se refieren a las ofrendas de acción de gracias (Sal. 107,22 y 116,17; Jon. 2,9) o a otros sacrificios tales como los votos (cf. Sal. 66,13-15; 116,14,18; Jon. 2,9). El Salmo 116,13 hace referencia al cáliz de la salvación. Normalmente se entiende que indica una ofrenda de bebida en vez de una mera metáfora (esta interpretación está apoyada por la descripción del rey fenicio Yehawmilk de Biblos, que ofrece una libación en honor de la diosa Ba'alat; acompañando a esta descripción aparece también la respuesta de la diosa a la oración del rey, véase ANEP, pl. 477, y ANET, 656).

Los salmos que habitualmente son considerados como parte integrante del género de «acción de gracias individuales» son los siguientes: Salmos 30; 32; 34; 41; 116 y 138; además de aquellos fragmentos que ahora forman parte de los Salmos: 40 (vv. 1-10) y 66 (vv. 13-20). Los Salmos 18 y 118 también son, por su forma, «salmos de acción de gracias individuales», aunque el primero es ciertamente un «salmo real»[1] en cuanto a su contenido; y el último, en ocasiones, es también considerado como un «salmo real». Sin embargo, aunque el sujeto del Salmo 118 parece tener alguna función representativa, hay problemas para igualarle con el rey,

---

1 N. del T.: Salmo real aparece como sinónimo de salmo relacionado con el rey.

dado que el salmo parece ser de composición post-exílica, por lo menos en su forma actual. La «casa de Aarón» mencionada en el versículo 3 parece más natural que haga referencia a los sacerdotes post-exílicos, quienes en ese período eran considerados los hijos de Aarón, en contraste con el período pre-exílico en el que se consideraba que formaban un todo con la tribu de Leví. El Salmo 107 es un salmo de acción de gracias general por varios grupos de individuos, aunque en su forma final (cf. vv. 2-3) parece haber sido adaptado para los exiliados que volvían (véase más abajo).

Hay que prestar atención al hecho de que hay muchos menos salmos de «acción de gracias individuales» que «súplicas individuales». Gunkel, con mucha razón, argumenta que esto puede deberse a la naturaleza humana y, de hecho, en la oración, por lo general, las peticiones son mucho más comunes que la acción de gracias. No debe perderse de vista que los «Salmos de acción de gracias individuales» son, incluso, aún más escasos en proporción en Babilonia, aunque esté documentado un gran número de himnos babilónicos. El Salterio del Antiguo Testamento contiene, también, un gran número de «himnos» y ésta puede ser la razón, en parte, del número relativamente pequeño de «salmos de acción de gracias individuales».

Su estructura básica

Es frecuente que en los manuales se dé por hecho que los «salmos de acción de gracias individuales» tienen la siguiente estructura típica: (i) una introducción, en la cual el salmista declara su intención de dar gracias a Yahvé, (ii) una parte narrativa, en la cual el salmista describe (a) su lamentable condición anterior, (b) su oración a Yahvé pidiéndole que le libre, (c) el acto liberador de Yahvé y (iii) una conclusión. Esta forma completa puede apreciarse bien en el Salmo 116:

(i)   v. 1   «Amo a Yahvé...» (en lugar de las habituales fórmulas de agradecimiento o alabanza).

(iia) v. 3   «Me rodearon ligaduras de muerte,
             me encontraron las angustias del Seol;
             angustia y dolor había yo hallado».

(iib)	v. 4	«Entonces invoqué el nombre de Yahvé diciendo: "¡Yahvé libra, libra ahora mi alma!"».
(iic)	v. 6b	«Estaba yo postrado y me salvó».
(iii)	vv. 12-19	Conclusión del himno en la cual el salmista promete cumplir sus votos y ofrece un sacrificio de acción de gracias.

No obstante, conviene tener en cuenta que existe, de hecho, una gran cantidad de variaciones en la estructura de la «acción de gracias individuales». En algunas ocasiones la introducción se omite totalmente o bien es sustituida por expresiones de sentimientos que comienzan con la forma «Bendito el que...» En otras ocasiones nos encontramos con que no aparecen de manera explícita en el texto los tres elementos que configuran la sección narrativa, y el orden en que aparecen puede ser diferente. Finalmente, existe una considerable variedad en las conclusiones.

Los «salmos de acción de gracias individuales» pueden ser recitados en situaciones muy variadas. Una de las situaciones más importantes era tras haber sido sanado de una enfermedad, y esto se documenta también fuera del Salterio en la oración de Ezequías en Isaías 38,10-20 y en Job 33,19-28. Dentro del Salterio, el ejemplo más vívido y explícito lo constituye el Salmo 41. Una amplia sección de ese salmo se dedica a recordar la súplica original y las circunstancias que lo rodeaban (vv. 4-10), es tan extensa esa parte que algunos eruditos prefieren considerar todo este salmo como una súplica. No obstante, la mayoría opina que, los versículos 11-12 (cf. vv.1-3) presuponen la recuperación del salmista (el v. 13 es la doxología con la cual concluye el primer libro del Salterio). Otros salmos de acción de gracias por la recuperación de una enfermedad podemos encontrarlos en los Salmos 30 y 32 (cf. Sal. 107,17-22). Debe prestarse atención a las referencias al Seol y a la fosa (es decir, al mundo de ultratumba) en el Salmo 30, referencias que también pueden hallarse en algunas «súplicas individuales» relacionadas con la enfermedad (vv. 2-3.8-9); es interesante que, el salmo de acción de gracias egipcio de Nebre, el cual da gracias al dios Amón por liberar a su hijo de la enfermedad, se refiera a este hecho, también, como un rescate del mundo de ultratumba –subterráneo– (ANET, 380).

También el Salmo 116 ha sido considerado, en algunas ocasiones, como una acción de gracias por haberse recuperado de la enfermedad, como puede sugerir la imagen del Seol de los versículos 3 y 8: «Pues Tú has librado mi alma de la muerte». No obstante, K. Seybold piensa que la afirmación de «que todo hombre es mentiroso» (v. 11b) y la confesión «tú has roto mis prisiones» (v. 16), sugieren otra cosa.

El lugar preciso de los otros «salmos de acción de gracias individuales» tampoco está totalmente claro, aunque los Salmos 18 y 118 (el primero ciertamente un «salmo real») están claramente relacionados con algún conflicto con naciones extranjeras y serán analizados en otro lugar. Está bastante claro, no obstante, que los «salmos de acción de gracias individuales» pudieron ser recitados en todo tipo de situaciones de liberación de la aflicción. Este hecho queda bien ilustrado en el Salmo 107, el cual describe cuatro ejemplos de aflicción. Vamos a detenernos ahora en este salmo.

El Salmo 107: un salmo de acción de gracias único

El Salmo 107 es un «salmo de acción de gracias» que forma una categoría por sí mismo. Su parte central (vv. 4-32) está compuesta por cuatro secciones, cada una referida a un grupo diferente de individuos afligidos: la primera, a un grupo de viajeros en el desierto, castigados por el hambre y la sed (vv. 4-9), la segunda, a presos (vv. 10-16), la tercera, a aquellos que estaban enfermos (vv. 17-22) y, la cuarta, a los que navegan en un barco a merced de la tempestad (vv. 23-32). De cada uno de estos grupos a su vez leemos que «clamaron a Yahvé en su angustia, y los libró de sus aflicciones» (vv. 6,13,19,28), y cada grupo a su vez es exhortado «Alaben la misericordia de Yahvé, y sus maravillas para con los hijos de los hombres!» (vv. 8,15,21,31). La parte final del salmo es un himno, en el cual se exalta la providencia de Dios, quien es Señor sobre la naturaleza y los seres humanos.

No existe un acuerdo unánime sobre el lugar y el desarrollo de este salmo, aunque la mayoría está de acuerdo en que en su origen no era un único salmo. El salmo original, probablemente, estaba formado por los versículos 1 y 4-32. Esto parece presuponer un tipo de culto, en el cual, varios grupos que han experimentado la salvación de Yahvé son exhortados a dar gracias (no es necesario considerar la sección de los que van en barco en los vv. 23-32 como una adición tardía, como hace W. Beyerlin). Merece tenerse en cuenta que los cuatro grupos –incluido el de los que van en barco– aparecen mencionados juntos en el himno *Shamash* babilónico (ANET, 387-89). Muy probablemente, los versículos 2-3 son una adición posterior: «Díganlo los redimidos de Yahvé, los que ha redimido del poder del enemigo, y los ha congregado de las tierras, del oriente y del occidente, del norte y del sur». Estos versículos hacen referencia, sin ninguna duda, a aquellos que retornan del exilio y de la diáspora (cf. Is. 11,12; 43,5 y 49,12), lo cual no armonizaría bien con los cuatro ejemplos de aflicción citados, si éstos fueran entendidos literalmente. Más aún, parece claro por la comparación de ejemplos del Antiguo Testamento (Neh. 9,27; Job 6,23; Sal. 78,61; Lm. 1,7; Ez. 39,23) que *miyyad* î*ª*r en el Salmo 107,2 significa «del poder del enemigo» y no «del poder de la aflicción», mientras que, en otro lugar del Salmo 107, î*ar* es utilizado en el sentido de aflicción (vv. 6, 13, 19, 28). Esto, de nuevo, apoyaría la opinión de que los versículos 2 y 3 formarían un estrato separado. Presumiblemente, cuando los versículos 2 y 3 fueron añadidos, los diferentes tipos de aflicción fueron reinterpretados metafóricamente (cf. Is. 42,7; 49,9 para la imagen del exilio como prisión, Sal. 147,2-3; 2 Crónicas 33,16 y, probablemente, también Is. 53,4, donde se habla del exilio como una enfermedad, e Is. 54,11, donde se dice que los exiliados son zarandeados por la tempestad). Es probable que el final hímnico del Salmo 107 (vv. 33-42) sea también una adición posterior.

Salmos de acción de gracias colectiva

Ésta es la más nebulosa de todas las categorías de los salmos. Ningún erudito atribuye muchos salmos a esta clase (por ejemplo, Gunkel incluye los Sal. 66,8-12; 67; 124 y 129; Westermann los Sal. 124 y 129; y Weiser sólo el Salmo 124). Crüsemann ha negado completamente la existencia de la categoría de los «salmos de acción de gracias colectiva», y asigna esos salmos, que otros atribuyen a esta clase, a otras. En principio no existe ninguna razón para que este tipo de salmos no pueda existir: así como el gran número de «salmos de súplica individuales» es paralelo al menos numeroso de las «súplicas colectivas», de la misma manera podría esperarse que el relativamente pequeño número de «salmos de acción de gracias individuales», tenga su paralelo en los «salmos de acción de gracias colectiva». La cuestión se centra en decidir si existen y, si los hay, en decidir cuáles son. Parte del problema consiste en la existencia de la categoría de los «himnos» (salmos de alabanza), puesto que, en principio, la distinción entre éstos y los «salmos de acción de gracias colectiva» es muy sutil. En ambos, la nación alaba o da gracias a Dios por sus hechos, ¡y es posible que los antiguos israelitas no los diferenciasen con claridad en sus mentes a la manera en que lo hace la crítica formal moderna! No obstante, si uno aplica el criterio de que los himnos tienen que contener una alabanza general de Dios (bien por sus actos creadores, bien por sus actuaciones en la historia) y los «salmos de acción de gracias colectiva» deben dar gracias a Dios por un acto liberador concreto en el pasado reciente, entonces el Salmo 124 parecería pertenecer a la última categoría.

El hecho de que la palabra «gracias» no esté explícitamente incluida en el salmo, no supone un argumento de peso contra la consideración de este salmo como un «salmo de acción de gracias» (contra la opinión de Crüsemann), porque un cierto número de «salmos de acción de gracias individuales» tampoco utilizan esa palabra y utilizan otras expresiones en su lugar, como por ejemplo la palabra «bendito» en el Salmo 124 (vid. Sal. 34; 41). En el Salmo 124 aparece con claridad la idea de una acción de gracias colectiva a Dios por algún tipo de liberación.

Es cierto que el Salmo 129 presenta algunos puntos de contacto con el Salmo 124 (por ejemplo las palabras «diga ahora Israel» en el primer versículo de cada salmo), pero no contiene ninguna acción de gracias explícita a Yahvé, y la segunda parte del salmo está llena de imprecaciones contra los enemigos. Quizá sea mejor considerarlo como un salmo de «Confianza colectiva», como algunos han propuesto. En cuanto al Salmo 67, quizá se entienda mejor como una oración pidiendo bendición (¿una súplica colectiva?) en vez de una acción de gracias colectiva, ya que el primero y el último versículo parecen estar en yusivo –«Dios tenga misericordia de nosotros y nos bendiga; ... Bendíganos Dios!»– lo cual suena extraño si el salmo está dando gracias a Dios por las bendiciones ya recibidas. Lo único que podía apoyar la idea de que se tratase de una acción de gracias colectiva sería el versículo 6, donde el uso del verbo perfecto ($n^a t^e n \leq$) podría sugerir, naturalmente, el significado «La tierra ha dado su fruto», pero la declaración yusiva de la línea paralela «bendíganos Dios» (cf. también el v. siguiente) podría indicar que lo que tenemos es un perfecto deprecativo y entonces podríamos traducirlo de esta otra forma «que la tierra dé su fruto». Esto estaría más en consonancia con el tono del resto del salmo. Finalmente, en relación con el Salmo 66,8,12, aunque estos versículos tienen la forma de una acción de gracias colectiva, son sólo parte de un salmo, cuyos versículos del 1 al 7 tienen el carácter de un Himno, mientras que los versículos 13-20 son una expresión de acción de gracias individual.

Lecturas adicionales

Sobre los salmos de alabanza:

ALBERTZ, R. *Weltschöpfung und Menschenschöpfung*, Calwer, Stuttgart, 1974.

CRÜSEMANN, F. *Studien zur Formgeschichte von Hymnus und Danklied in Israel.*

(WMANT, 32) Neukirchener Verlag, Neukirchen, 1969, pp. 1-154, 285-306.

CUMMINGS, C. G. *The Assyrian and Hebrew Hymns of Praise*, Columbia University Press, Nueva York, 1934.

DAY, J. *God's conflict with the Dragon and the Sea: Echoes of a Canaanite Myth in the Old Testament*, Cambridge University Press, Cambridge, 1985 (pp. 28-35, 51-53, sobre el Salmo 104; 57-60, sobre el Salmo 29; y 120-22, 125-38, sobre los Salmos de Sión).

HILLERS, D. R. «A study of Psalm 148» en *CBQ* 40. 1978, pp. 323-34.

MILLER, P. D. *Interpreting the Psalms*, pp. 64-78.

MOWINCKEL, S. *The Psalms in Israel Worship*, 1, pp. 81-105.
SABOURIN, L. *The Psalms: their Origin and Meaning*, 1, pp. 179-243.
WESTERMANN, C. *Praise and lament in the Psalms*.

Sobre los salmos de acción de gracias individuales:

BEYERLIN, W. *Werden und Wesen des 107. Psalms* (BZAW, 153), W. De Gruyter, Berlín, Nueva York, 1979.
CRÜSEMANN, F. *Studien zur Formgeschichte von Hymnus und Danklied in Israel*, pp. 210-84.
GINSBERG, H. L. «Psalms and Inscriptions of Petition and Acknowledgment», en *Louis Ginzberg Jubilee Volume* (Sección en Inglés), American Academy for Jewish research, Nueva York 1945, pp. 159-71.
GRAF REVENTLOW, H. *Gebet mi Alten testament*. W. Kohlhammer, Stuttgart, 1986, pp. 208-20.
MOWINCKEL, S. *The Psalms in Israel's Worship*, 2, pp. 31-43.
SABOURIN, L. *The Psalms: their Origin and Meaning*, 2, pp. 109-40.
SEYBOLD, K. *Das Gebet des Kranken mi Alten Testament*.
WESTERMANN, C. *Praise and lament in the Psalms*, pp. 103-16.

Sobre los salmos de acción de gracias colectiva:

CRÜSEMANN, F. *Studien zur Formgeschichte von Hymnus und Danklied in Israel*, pp. 155-209.
MOWINCKEL, S. *The Psalms in Israel's Worship*, 2, pp. 26-30.
SABOURIN, L. *The Psalms: their Origin and Meaning*, 2, 189-207.
WESTERMANN, C. *Praise and lament in the Psalms*, pp. 81-90.

Capítulo 4

SALMOS DE CONFIANZA, SAPIENCIALES Y SALMOS DE LA TORÁ, SALMOS HISTÓRICOS, LITURGIAS DE ENTRADA, Y SALMOS DE PEREGRINACIÓN[1]

Salmos de confianza

Se acepta generalmente que hay un pequeño grupo de salmos que se pueden catalogar mejor como salmos de confianza, o de seguridad en Yahvé. Se está discutiendo sobre los parámetros específicos de esta clase de salmos, pero ciertos salmos aparecen en las listas de todos los eruditos. Probablemente deberíamos incluir los Salmos 11; 16; 23; 27,1-6; 62 y 131 a los cuales debería añadirse el Salmo 129, como un salmo de confianza colectiva, tal y como acabamos de señalar (véase la discusión en el Cap. 3, bajo el epígrafe «salmos de acción de gracias colectiva»).

Por supuesto que las expresiones de confianza pueden encontrarse también en otros tipos de salmos. Por ejemplo, a me-

---

1 N. Del T.: La edición Reina-Valera no incluye en sus traducciones los encabezamientos de los salmos, por eso éstos han sido tomados de la edición Nácar-Colunga. No deben confundirse con estos encabezamientos las indicaciones musicales que sí aparecen en la versión Reina-Valera.

nudo son un rasgo de las «súplicas individuales», y Gunkel suponía que era de allí de donde surgió la expresión de confianza y alcanzó una forma independiente, con la eliminación completa de la súplica en sí. Otros ven una conexión más próxima con los «salmos de acción de gracias». Sin embargo, aunque tiene puntos de contacto con cada uno de los grupos citados, los salmos de confianza son diferentes de ambos. El salmista ni pide a Dios que le libre de sus enemigos u otros males, ni le da las gracias por haberlo hecho, sino más bien expresa su confianza en que Dios puede hacerlo. Hay una tendencia en estos salmos a referirse a Dios utilizando la tercera persona, en lugar de dirigirse a Él directamente utilizando la segunda persona, aunque ésta no está ausente del todo.

Un punto de contacto con las súplicas individuales se encuentra especialmente en el Salmo 16, el cual comienza con las palabras: «Guárdame, Dios, porque en ti he confiado». El Salmo 4 también en ocasiones se clasifica como un «salmo de confianza», pero tal vez sea mejor verlo como una súplica individual (cf. v. 1), en la cual la expresión de la confianza está marcada de una forma especial. El Salmo 27 en su totalidad, en su forma actual, es claramente un «salmo de súplica individual», pero los versículos del 1 al 6, originalmente, no formaban parte del salmo, y tienen el carácter de un salmo de confianza. Los salmos de confianza, en su forma más pura son los Salmos 11; 23 y 62, los cuales se refieren a Dios utilizando únicamente la tercera persona.

El Salmo 23

El Salmo 23, el más conocido de todos los salmos, describe la amorosa compasión de Dios utilizando dos imágenes: la del pastor (vv. 1-4) y la del anfitrión hospitalario (vv. 5 ss.). A veces, se ha entendido que la imagen de Dios como pastor atraviesa todo el salmo, pero este punto de vista exige una enmienda injustificada del término ëulÊ^{a}n «mesa», a ëelaÊ «arma» (la maza del pastor) en el v. 5, ¡y también se crean problemas al tener que hacer beber una oveja de la copa en este versículo! Otros (por ejemplo D. N. Freedman) argumentan que el tema subyacente que da coherencia al salmo son las imágenes tomadas del Éxodo, pero no hay nada en este salmo que lo sugiera claramente. No hay ninguna necesidad de buscar alguna conexión de enganche subyacente entre las dos mitades del salmo más que la compasión bondadosa de Yahvé hacia el salmista.

El narrador del salmo ha sido visto en ocasiones como un rey, sobre todo por la referencia a la unción de la cabeza del salmista con óleo en el versículo 5. Sin embargo, esto es injustificado, dado que el verbo que aparece aquí para la palabra «ungir» (dën) es bastante diferente de aquél usado en otros lugares en los que se hace referencia a un rey (mëÊ). Tampoco hay ninguna buena razón para creer que el versículo 5 esté describiendo un banquete de ofrenda de acción de gracias después de la liberación del salmista, como a veces ha sido entendido. El énfasis del versículo 5 se pone claramente sobre la gracia divina para con el salmista en lugar de en la gratitud del salmista hacia Dios.

La investigación moderna ha arrojado luz, en diversas maneras, sobre este muy querido salmo. Por ejemplo, el tradicional «valle de sombra de muerte» a través del cual el salmista cruza, ahora se traduce mejor como «el más oscuro de los valles» (podríamos decir «un valle oscuro como la muerte») y la referencia a la vara y al cayado del pastor adquiere sentido a la luz de la costumbre mantenida por los pastores palestinos modernos que usan dos cayados: uno es el mazo para defenderse de los ladrones y de los animales salvajes, y el otro un cayado propiamente dicho con el cual guían a las ovejas (cf. también Ez. 37,16 ss. y Zac. 11,7 y ss.).

Salmos sapienciales y de la Torá

Los salmos sapienciales

Casi todos los eruditos están de acuerdo en que hay una categoría de salmos que pueden ser denominados por criterios de utilidad como «salmos sapienciales», es decir, salmos que tienen una cierta relación con la literatura sapiencial del Antiguo Testamento (principalmente con *Proverbios, Job y Eclesiastés*), los cuales podemos asumir que fueron compuestos o influenciados por los sabios. Los criterios empleados para distinguir tales salmos son tanto la presencia de ideas características de los libros sapienciales (por ejemplo, la preocupación por los premios y castigos divinos, bien por medio de afirmaciones, bien a través de interrogaciones, al modo de *Job*, de su actuación presente) como la concurrencia de rasgos lingüísticos y estilísticos distintivos de la literatura sapiencial (por ejemplo, el uso de la raíz *Êkm*, «sabio» o por el uso de la palabra *ba'ar* «necio»). De este modo, la clasificación no consiste estrictamente en una simple crítica de la forma, sino que más bien se basa en el contenido. Mientras hay un acuerdo general sobre la existencia de los salmos sapienciales, y hay unos salmos troncales que aparecen en las listas de todos los especialistas (por ejemplo, los Salmos 1; 37 y 49), parece que no hay dos estudiosos que estén de acuerdo sobre el número exacto de salmos que tienen que formar parte de esta categoría. Por ejemplo, según S. Mowinckel, los salmos sapienciales son: 1; 34; 37; 49; 78; 105; 106; 111; 112 y 127. Según R. E. Murphy serían los Salmos: 1; 32; 34; 37; 49; 112 y 128; en cambio, R. N. Whybray incluye los Salmos: 1; 19B; 37; 49; 51; 73; 90; 92; 94; 104; 107; 111 y 119; y L. Perdue incluye los Salmos: 1; 19A; 19B; 32; 34; 37; 49; 73; 112; 119 y 127.

Claramente, un buen número de salmos traiciona una cantidad mayor o menor de rasgos que sugieren la influencia sapiencial. El problema de la clasificación de salmos particulares, tales como los salmos sapienciales, se debe a la dificultad para decidir cuántas características sapienciales debe poseer un salmo para poder ser legítimamente definido como tal. R. E. Murphy ha intentado imponer un rigor metodológico a la discusión, distinguiendo entre «salmos sapienciales» *per se* y salmos que, aunque pertenecen estrictamente a otros géneros, sin embargo muestran alguna influencia sapiencial. Al margen de que uno esté o no de acuerdo con la totalidad de los salmos sapienciales de Murphy, queda claro que la distinción que él hace es, en sus criterios, metodológicamente firme.

La literatura sapiencial se divide de modo natural en: «la de tipo más ortodoxo» tal y como se encuentra en el libro de Proverbios, y la de planteamiento más interrogativo, tal y como aparece en los libros de Job y Eclesiastés. El primer tipo muestra su confianza en la justa obra de retribución divina de los premios y castigos en la tierra para los justos y los injustos, mientras que la otra forma refleja varios niveles de interrogación con relación a esta simplificación de la realidad. Los Salmos 1 y 112 pueden considerarse como salmos sapienciales que reflejan la primera posición, los Salmos 37 y 49 (y posiblemente el 73) reflejarían la segunda postura; aunque el *Salterio* no llega a contener nada tan escéptico como Eclesiastés.

Que el Salmo 1 es un «salmo sapiencial» viene sugerido por su expresión de apertura *'aërÃ*, «Bendito», su preocupación con los premios y retribuciones al comparar los justos (*îaddΔqΔm*) y los impíos (*rᵉë ͣ 'Δm*), y por su carácter de admonición implícita. Todo esto viene apoyado, además, por el hecho de que su comparación del justo con un árbol floreciente manifiesta un asombroso paralelismo con la *Instrucción de Amenemope* un libro sapiencial egipcio, en el cual, el malvado es también comparado con un árbol (ANET, 422; existe un trasfondo egipcio para una gran cantidad de las sentencias del libro de los Proverbios, especialmente Pr. 22,17-23,11, que depende también del Amenemope).

El Salmo 112 es, en cierto sentido, parecido al Salmo 1, por su comparación del destino de los justos con el de los malvados (aunque en este salmo sólo se menciona al hombre malvado en el último versículo). Se trata de un salmo acróstico (alfabético) –un rasgo que también puede encontrarse en algunos otros salmos sapienciales– y forma pareja, claramente, con el Salmo 111 (otro acróstico), un himno influido por la literatura sapiencial (cf. v. 10) «el principio de la sabiduría es el temor de Yahvé; buen entendimiento tienen todos los que practican sus mandamientos».

Los Salmos 37 y 49 (y quizá también el 73) son ejemplos de salmos sapienciales interrogativos. Todos ellos se extienden en la reflexión del problema planteado por la prosperidad del impío y el sufrimiento de los justos. Todos ellos intentan explicar el problema diciendo que la prosperidad del impío es algo circunstancial y que, antes o después, los rectos serán justificados. Curiosamente, los Salmos 49 y 73 parecen describir una vida de bendición después de la muerte como parte de la vindicación de los justos: «Pero Dios redimirá mi vida del poder del Seol, porque él me tomará consigo» (Sal. 49,15), «Me has guiado según tu consejo, y después me recibirás en gloria» (Sal. 73,24).

Salmos de la Torá

Una subdivisión de los «salmos sapienciales» es la comúnmente conocida como «salmos de la Torá» (Ley), viz. Salmos 119, 19B, y 1, el último de los cuales ha sido ya tratado. Al igual que lo que ocurre con la expresión, «salmo sapiencial», la expresión «salmo de la Torá hace también referencia a los contenidos más que a la forma, pero es una categoría útil en la cual englobar esos salmos. El «salmo de la Torá» por excelencia es el Salmo 119. El salmo más largo, con mucho, del Salterio, es un acróstico por su forma. Cada uno de los ocho primeros versos comienza con la primera letra del alfabeto hebreo, cada uno de los ocho siguientes con la segunda letra, y así hasta completar las 22 letras, dando un total de 176 versos. Para muchos, este salmo resulta monótono, ya que repite de diferentes maneras la devoción del salmista a la Torá verso tras verso. A lo largo del salmo se emplean diez palabras diferentes para referirse a la Torá (son empleadas ocho expresiones principales): mandamiento (*miîw≤*), estatuto (*Êoq*) y palabra (*dªbªr*) 22 veces cada una, juicio (*miëpªð*) y testimonio (*'edõð*) 23 veces cada una, precepto (*piqqûd*) 19 veces, ley o instrucción (*tôrâ*) 25 veces, camino ('*ÜraÊ*) una vez y dirección (*derek*) dos veces. Todos los versículos del salmo tienen uno de estos términos, excepto los versículos 90 y 122, mientras que los versículos 15, 16, 43, 160, 168 y 172 tienen dos términos cada uno. Probablemente, no es una coincidencia el que haya ocho términos principales en vista de la división del salmo en grupos de ocho versos, aunque como quedará claro por la utilización de las figuras, el salmo no se adhiere rigurosamente al empleo de cada uno de los ocho términos principales en cada sección. Resulta chocante también que nunca se especifiquen las normas de la ley.

El Salmo 119 ha sido correctamente descrito como una antología. Muestra claras dependencias de otros libros del Antiguo Testamento como *Deuteronomio, Proverbios y Jeremías*. Refleja, de manera clara, la piedad legalista de la época post-exílica, y su combinación de piedad legalista y sabiduría lo pone en relación con el libro deuterocanónico del Eclesiástico (*Ben Sirá*). Éste es un salmo *sui generis*: está centrado en la Torá, pero tiene características sapienciales, así como también algunos rasgos de las «súplicas individuales» y en algunos momentos de los «himnos de alabanza».

El Salmo 19 tiene dos partes bien diferenciadas. Los versículos 1-6 hablan de la creación como un testigo de la gloria de Yahvé, y el sol es especialmente destacado. Los versículos 7-14 exaltan la Torá de Yahvé, conforme a la cual debe uno vivir. Es la segunda mitad de este salmo la que justifica su descripción como un «salmo de la Torá». Cinco de los seis términos utilizados para referirse a la ley, en los versículos 7-9, aparecen también en el Salmo 119, la única excepción es «el temor de Yahvé». Aunque se ha pensado en el pasado que ambas mitades del salmo eran por sí mismas salmos individuales, actualmente hay argumentos de peso para considerar que ambas han formado una unidad desde el principio. El dios-sol en el antiguo Oriente no sólo se consideraba la fuente de luz sino también el encargado de mantener la justicia en el mundo (existen evidencias para esto en las culturas sumero-acadia, hitita y egipcia), y parece probable que las dos mitades del Salmo 19 vayan unidas en el contexto del dios-sol. Véase por ejemplo el himno babilónico a *Shamash* (ANET, 387-89), el cual combina las funciones naturales y jurídicas del dios del sol *Shamash*. Más aún, muchos de los detalles de ambas partes del salmo presentan paralelismos con la literatura dedicada al dios-sol en el antiguo Oriente (no sólo en puntos como la consideración del sol como novio y hombre poderoso, sino también en los diferentes epítetos usados en conexión con la Torá).

Algunos eruditos, como Mowinckel, han sugerido que los salmos sapienciales y los de la Torá no fueron cantados en la alabanza en el templo como los otros salmos, sino que su lugar era la escuela, lo cual parece lo más adecuado dado su carácter didáctico. No tenemos una gran cantidad de datos para guiarnos, pero, en general, parecen inadecuados para asignar a estos «salmos sapienciales» un lugar diferente al resto de salmos que configuran el Salterio. Si las dos mitades del Salmo 19 siempre han existido juntas como las evidencias recién presentadas sugieren, entonces tenemos aquí una combinación natural de lo hímnico y lo didáctico, lo cual sugiere que el segundo podría, de hecho, funcionar dentro de un contexto de adoración.

Es fascinante especular si el emplazamiento numérico de los dos salmos de la Torá como Salmos 19 y 119, respectivamente, responde a un planteamiento editorial premeditado. Es atractivo suponerlo pero, la certeza no es posible.

Salmos históricos

Como ocurre con otras categorías, por ejemplo los salmos reales, sapienciales y de la Torá, ésta de los «salmos históricos» no obedece tampoco a criterios formales estrictamente, sino más bien a criterios de contenido. No obstante, parece más útil estudiar los Salmos 78, 105 y 106 juntos en vista de su similar contenido de carácter histórico, en lugar de intentar situarlos tal vez en tres categorías formales separadas, especialmente porque no está claro en qué categorías podrían ser incluidos los Salmos 78 y 106. El Salmo 106 ha sido considerado como una «súplica colectiva», un «himno» o un «salmo sapiencial» indistintamente, cuando de hecho no se ajusta exactamente a ninguno de estos géneros. El Salmo 105 es con más claridad un «himno». Los tres salmos son notables por la extensión de espacio que dedican a la historia más antigua de Israel, especialmente lo relacionado con el éxodo, y el hecho de que el Salmo 105 y el 106 fuesen colocados uno tras el otro indica que el redactor los vio como obras complementarias.

El Salmo 78 tiene un comienzo didáctico, pero la mayor parte cuenta con un prejuicio antinorteño de la historia de los israelitas, desde el éxodo (con especial referencia a las plagas y a los años pasados en el desierto) hasta su derrota a mano de los filisteos y el abandono de Yahvé del santuario de Silo hacia el 1050 a. C. El rechazo de la norteña tribu de Efraín (v. 67), resumido en ese hecho posterior, es puesto en contraste con la elección por parte de Yahvé de Sión y de David (vv. 68 y ss.). La aparente referencia a la eternidad del templo de Salomón (v. 69) indica una fecha anterior al año 586 a. C. para la composición de este salmo. Más aún, la ausencia de referencias a la caída del Reino del Norte, la cual podría haber remachado el argumento del salmista de que Yahvé había rechazado al norte, sugiere una fecha anterior al año 722 a. C. La ausencia de referencias a la caída del Reino del Norte, excluye también la posibilidad de que el Salmo 78 sea un salmo deuteronómico, porque para los deuteronomistas este hecho señaló el juicio final de Dios sobre el norte (cf. 2 R. 17). El salmista conoce de manera precisa las siete plagas de la fuente Yavista (Y) del Pentateuco (vv. 41-51) y esta fuente ha sido considerada, tradicional y probablemente de manera correcta como la más antigua, habiendo sido fechada en el primer período monárquico. Aunque algunos eruditos daten la Yavista durante el periodo del exilio, la total ausencia de fatalidad y tristeza del trabajo habla en contra de esa opinión y, efectivamente, el hecho de que diversos santuarios sean considerados como legítimos es un firme argumento a favor de su datación antes de la reforma centralizadora de Josías y del Deuteronomio del 621 a. C. Así pues, nuestra consideración de la fecha de redacción del Salmo 78 como anterior al 722 a. C. implica una fecha no muy posterior a la del Yavista.

En contraste, el Salmo 105 muestra que conocía las fuentes Sacerdotal (P) y Eloísta (E) del Pentateuco en su narración de las plagas (vv. 28-36). Ya que, probablemente P date del siglo sexto a. C. y que algunas partes del salmo aparecen citadas en 1 Crónicas 16,8-22, un libro datado generalmente en el siglo IV a. de C., tenemos la evidencia de que el Salmo 105 pertenece al comienzo del período post-exílico. Después de una introducción hímnica, tenemos una amplia recolección de los hechos de Yahvé, desde la divina promesa de la tierra de Canaán a los patriarcas Abraham, Isaac y Jacob, pasando por el período de la estancia en Egipto bajo José y Jacob, y el éxodo bajo Moisés, con la detallada descripción de las plagas, los cuarenta años en el desierto y, finalmente, el asentamiento en Canaán. El salmo finaliza con una conclusión hímnica. La colocación de este salmo inmediatamente detrás del Salmo 104 es probablemente deliberada, porque cada uno de ellos, a su manera, exalta con larguimiento la actividad divina en una esfera específica, el Salmo 104 en la creación y el Salmo 105 en la historia.

Del mismo modo, el Salmo 106 data del período post-exílico, dado que demuestra un buen conocimiento del exilio (vv. 27.47). Difiere considerablemente en el tono, no obstante, ya que mientras el Salmo 105 está dominado por un sentido de alabanza y gratitud por los actos misericordiosos de Yahvé en la historia de Israel, el Salmo 106 está dominado por la idea de la desobediencia de Israel a Yahvé a pesar de sus hechos misericordiosos. También está enfocado en el período del éxodo, pero llama la atención hacia eventos tales como la rebelión de Datán y Abiram, la fundición del becerro de oro, y la apostasía de Baal-peor. Esta desobediencia continuó en Canaán, donde incluso se llegó a la idolatría de ofrecer sacrificios humanos, empujándoles a diversos juicios y, finalmente, al exilio; a consecuencia de lo cual la liberación sigue buscándose todavía. Aunque no es estrictamente una «súplica colectiva», la recitación del salmo podría, sin duda, haber inducido al lamento.

Finalmente, debe tenerse en cuenta que algunos eruditos incluyen los Salmos 135 y 136 entre los salmos históricos. Debe prestarse atención, no obstante, al hecho de que estos dos salmos citados, a pesar de recitar un cierto número de hechos históricos, también contienen material perteneciente a la obra de Yahvé en la creación, y están mucho más penetrados por un espíritu de alabanza, lo que justifica su asignación a los «himnos».

Liturgias de entrada

El Salmo 15 es el único salmo que puede ser considerado en su integridad como una «liturgia de entrada». La misma estructura se encontrará en el Salmo 24,3-6 y, por medio de la imitación profética, en Isaías 33,14-16. Esta estructura es la que sigue:

(a) Pregunta sobre quién puede ser admitido en el templo, Salmos: 15,1; 24,3; cf. Isaías 33,14.

(b) Respuesta, manifestando los requisitos éticos: Salmos 15,2-5b; 24,4-5; cf. Isaías 33,15.

(c) Bendiciones para aquellos que cumplen los requisitos para entrar en el templo: Salmos 15,5c; 24,6; cf. Isaías 33,16.

Parece que aquí tenemos un reflejo de la liturgia que se desarrollaba a la entrada del templo, en la cual los adoradores interrogan al sacerdote sobre los requisitos necesarios para entrar en el lugar santo, y el sacerdote les responde manifestando los requisitos éticos, junto con la bendición para aquellos que los cumplen.

Mientras que todo el Salmo 15 es una «liturgia de entrada», el Salmo 24,3-6 forma parte de una pieza litúrgica más amplia que incluye una procesión hacia el templo con el Arca, el símbolo de Yahvé el Rey divino (vv. 7-10), que ha resultado vencedor sobre el caos de las aguas en la creación (vv. 1-2). Como tal, tiene su lugar en la celebración de la entronización de Yahvé como rey en la Fiesta de los Tabernáculos, sobre la cual hablaremos después, en el Capítulo 5. Sea cual sea la fecha del Salmo 15, el Salmo 24 es ciertamente pre-exílico, como lo demuestra su referencia al Arca.

Merece ser tenido en cuenta que el énfasis de estas «liturgias de entrada» reside en los requisitos éticos más que en los rituales. Claramente, las cualidades morales enumeradas deben representar virtudes típicas más que constituir la suma total de los requerimientos. En el Salmo 15, los requisitos éticos listados suman diez (vv. 2-5b) lo cual trae a nuestra mente el Decálogo.

Requisitos similares se documentan en diferentes lugares de antiguo Oriente, en relación con aquellos que buscan entrar a los templos sagrados, aunque allí, a veces, también se incluyen los requisitos rituales.

Salmos de peregrinación

Isaías 30,29 y el Salmo 42,4 nos dicen que los peregrinos subían al templo en el Monte Sión cantando y tocando instrumentos musicales. Hay dos salmos que pueden ser claramente situados en el grupo de los «salmos de peregrinación» el 84 y el 122, aunque, desde otro punto de vista, puedan ser también considerados como «salmos de Sión» (ver arriba, Capítulo 3). El Salmo 122 forma parte de una serie de salmos encabezados por la expresión «canción de los escalones» (o de las subidas). Vamos a detenernos ahora a considerar estos salmos.

Las canciones de los escalones (o subidas)

Los Salmos del 120 al 134 forman un grupo de salmos que poseen todos el mismo encabezamiento en hebreo ëΔr *hamma 'ᵃlÛt*, con la excepción del Salmo 121 que lleva ëΔr *hamma 'ᵃlÛt*. Este encabezamiento suele ser traducido generalmente por «canción de las subidas», siguiendo el significado del singular *hamma 'ᵃl≤*, «la subida», en Esdras 7,9, y estos salmos son interpretados, por lo tanto, como canciones de peregrinación. A favor de esta opinión puede señalarse que el Salmo 122 se parece mucho a un «salmo de peregrinación»: «Yo me alegré con los que me decían: "¡A la casa de Yahvé iremos!"»... Jerusalén, que ha sido edificada como una ciudad que está bien unida entre sí... Allá subieron las tribus de Yah» (vv. 1, 3-4a). El verbo «subieron» aquí (v. 4), proviene de la misma raíz que el nombre *ma 'ᵃlôt*. El Salmo 132 también incluye una procesión con el Arca a Jerusalén, por tanto, es posible que estos salmos constituyeran una colección de salmos que fueran utilizados en las peregrinaciones y procesiones a Jerusalén.

No obstante, es cuestionable que el encabezamiento del salmo deba traducirse como «canción de las subidas». La traducción como «ascensión» para *ma 'ᵃlâ* sólo está documentada en Esdras 7,9; en la gran mayoría de los casos, en el Antiguo Testamento la palabra significa «paso» o «escalón» (a menudo en conexión con el templo), y así es como la palabra es interpretada en la versión griega de los Setenta y en la traducción de la Vulgata Latina del encabezamiento de nuestro salmo. Es posible, por lo tanto, que éstos sean salmos para ser cantados en ciertos escalones asociados con el templo. Parece que esta opinión puede encontrar apoyo en la Mishná: «quince escalones (*ma 'ᵃlôt*) nos conducen dentro (por ejemplo, la Corte de las Mujeres) a la Corte de los israelitas, en conexión con las quince canciones de los escalones (*ma 'ᵃlôt*) en los salmos, y sobre ellas solían cantar los Levitas» (*Middoth* 2,5; de manera parecida, pero con más detalles, *Sukkah* 5,4). Aunque estas referencias no dicen de forma explícita que los salmos fueran cantados en los escalones de acceso al templo, eso es lo que parece que quieren decir y, de cualquier manera, ciertamente indican que su encabezamiento fue interpretado como «canción de los escalones». Algunos eruditos, aunque aceptan esta traducción, prefieren asociar los salmos con otros escalones, tales como los escalones del atrio que conducen al interior del templo, que era el lugar donde se pronunciaba la bendición de Aarón (*Tosefta Sotah* 7,7) o «los escalones de la ciudad de David» (*Neh.* 3,15; 12,37), que eran los escalones que conducían a la ciudad de Jerusalén. Dado que parece lo más natural que el encabezamiento signifique «la canción de los escalones» y porque, por otra parte, existen algunas evidencias que conectaría estos salmos con las peregrinaciones y las procesiones, la sugerencia más atractiva es suponer que estos salmos eran cantados en algunas peregrinaciones y procesiones, mientras ascendían a Jerusalén, quizá por los escalones de la ciudad de David. Pero carecemos de las evidencias necesarias para poder afirmarlo taxativamente.

Por otra parte, existen dos opiniones que pueden ser rechazadas totalmente. La primera es que el título se refiera a los escalones de forma metafórica, en la poesía de estos salmos; esto es improbable, debido a que no está limitado a estos salmos. La segunda opinión que debe ser rechazada es la que defiende que el encabezamiento se refiere a la ascensión de los exiliados en su retorno de Babilonia, contra esto se levanta el hecho de que algunos salmos dan como un hecho que la ciudad ha sido reconstruida y que el templo ya se está usando (por ejemplo, Sal. 122,3-4.7).

Los salmos en cuestión, aunque reflejan un amplio abanico de tipos de crítica formal, parecen tener un buen número de rasgos distintivos comunes, lo cual indicaría que forman un grupo homogéneo. Así, todos ellos son cortos (con la excepción del Sal. 132), suelen tener fórmulas conclusivas y contienen repeticiones, hacen frecuentes referencias a Sión, Israel, a la bendición, y a Yah (forma corta para Yahvé), y utilizan las partículas *kÂn* «por tanto» y *hinnÂh* «mirad», el relativo *ëe-* «el/lo/la cual», y algunos arameismos. Los últimos dos puntos son indicadores claros de una fecha post-exílica, la cual poseen la mayoría de ellos (aunque el Sal. 132, con sus referencias al rey y al Arca, es un salmo pre-exílico).

La opinión común que asocia estos salmos con las peregrinaciones, los conecta también con los tres festivales más importantes. No obstante, C. C. Keet prefiere relacionarlos con los peregrinos que ofrecían sus primeros frutos en el templo, de acuerdo con Éxodo 22,29; 23,19 y 34,26. La referencia de la Mishná en *Sukkah* 5,4 los relacionaría con la Fiesta de los Tabernáculos, y Mowinckel sigue esta opinión, aunque su interpretación de *ma'alôt* como «procesiones festivas» (literalmente «subidas») es discutible. K. Seybold, quien también considera estos salmos como «salmos de peregrinación» cree que en origen eran parte de una rústica piedad popular, y que tuvieron que sufrir, por lo tanto, una redacción sionista y litúrgica. No obstante, a pesar del valor del estudio de Seybold, esta interpretación parece bastante especulativa y subjetiva.

L. J. Liebreich ha observado algunos llamativos paralelismos entre la bendición sacerdotal de Aarón en Números 6,24-26 y estos salmos. Él opina que los salmos (con la excepción de los Sal. 124, 126 y 131, los cuales, según Liebreich, fueron añadidos para elevar el número total de salmos a quince, el número de palabras de la bendición sacerdotal) son un comentario de dicha bendición sacerdotal, en particular cuatro palabras claves: *yebªrekªkª* «(que Él) te bendiga», *weyiëmerekª* «y (que te) sostenga», *wΔÊunnekª* «y (que Él) sea misericordioso contigo», y *ëalÛm* «paz». Expresiones paralelas a éstas podemos encontrarlas en los Salmos 120,6-7 ; 121,3-8 ; 122,6-8 ; 123,2-3 ; 125,5 ; 127,1 ; 128,4-6 ; 129,8 ; 130,2,6 ; 132,15 ; 133,3 y 134,3. Así, leemos en la *Tosefta Sotah* 7,7 que la bendición sacerdotal de Aarón era pronunciada en los escalones del atrio que conducía al interior del templo, Liebreich piensa que esto proporcionaría la explicación de la expresión *ma'alôt* «escalones» en el encabezamiento de los salmos. Debe admitirse, ciertamente, que los paralelismos con la bendición sacerdotal de Aarón son notables y están bastante difundidos por estos salmos, y que es atractivo suponer que reflejan un contexto similar. También puede observarse la referencia a Aarón en el Salmo 134. No obstante, la sugerencia de Liebreich a favor de la inclusión de tres salmos para sumar un total de quince, el número de palabras de la bendición sacerdotal, parece en cierta forma artificial, y debiera señalarse que no hay paralelismos de estos salmos con las partes de la bendición sacerdotal que dicen «El Señor haga brillar su rostro sobre ti... El Señor levante su semblante sobre ti».

Estos salmos son atractivos, y B. Duhm fue tan lejos como para decir que eran los más bellos del Salterio. Varias frases de ellos han llegado a ser bien conocidas, por ejemplo «si Yahvé no edifica la casa, en vano trabajan los que la edifican» (Sal. 127,1), y las palabras comúnmente traducidas como «pues que a su amado dará Dios el sueño» (Sal. 127,2b), aunque, como J. A. Emerton ha argumentado, esto se traduciría mejor como «ciertamente Él honra a aquellos que ama» («The meaning of ëÂnª in Psalm cxxvii», en *VT* 24, 1974, pp. 15-31).

Lecturas adicionales

Sobre los salmos de confianza en general:

GUNKEL, H.; BEGRICH, J. *Einleitung in die Psalmen*, pp. 254-56.
SABOURIN, L. *The Psalms: Their Origin and Meaning*, 2, pp. 90-109.

Sobre el Salmo 23 en particular:

FREEDMAN, D. N. «The Twenty-third Psalm», en *Michigan Oriental Studies in Honor of George G. Cameron*, L. L. Orlin (editor). Department of Near Eastern Studies, University of Michigan, Ann Arbor, 1976.
JOHNSON, A. R. «Psalm 23 and the Household of Faith», en *Proclamation and Presence. Old Testament Essays in Honour of Gwynne Henton Davies*, J. I. Durham y J. R. Porter (editores). SCM, London, 1970, pp. 252-71.
MERRILL, A. L. «Psalm xxiii and the Jerusalem tradition», en *VT* 15, 1965, pp. 354-60.
POWER, E. «The Shepherd's Two Rods in Modern Palestine and in some Passages of the Old Testament», en *Biblica* 9, 1928, pp. 434-42.

Sobre los salmos sapienciales:

HURVITZ, A. «Wisdom Vocabulary in the Hebrew Psalter: A Contribution to the Study of "Wisdom Psalms"», en *VT* 38, 1988, pp. 41-51.

MOWINCKEL, S. «Psalms and Wisdom» en *SVT* 3, 1955, pp. 205-24.

MOWINCKEL, S. *The Psalms in Israel's Worship*, 2, pp. 104-25.

MURPHY, R. E. «A Consideration of the Classification "Wisdom Psalms"», en *SVT* 9, 1962, pp. 156-67.

PERDUE, L. *Wisdom and Cult* (SBL Dissertation Series, 30), Scholars. Missoula 1977, especialmente las pp. 261-343.

WHYBRAY, R. N. *The Intellectual Tradition in the Old Testament* (BZAW, 135), de Gruyter. Berlín/Nueva York, 1974.

Sobre los salmos de la *Torâ*:

DE PINTO, B. «The Torah and the Psalms», en *JBL* 86, 1967, pp. 154-74.

DEISSLER, A. *Psalme 119 (118) und seine Theologie* (Munchener theologische Studien, 1. Historische Abteilung, Band 11), Karl Zink. Munich, 1955.

LEVENSON, J. D. «The Sources of Torah: Psalm 119 and the Modes of Revelation in Second Temple Judaism», en *Ancient israelite Religion. Essays in Honor of Frank Moore Cross*, P. D. Miller, P. D. Hanson y S. D. McBride (editores). Fortress, Philadelphia, 1987, pp. 559-74.

MAYS, J. L. «The place of the torah-psalms in the Psalter», en *JBL* 106, 1987, pp. 3-12.

SARNA, N. «Psalm XIX and the Near Eastern Sun-God literature», en *Fourth World Congress of Jewish Studies*. Papers, 1, World Union of Jewish Studies, Jerusalem, 1967, pp. 171-75.

Sobre los salmos históricos (así como los motivos históricos de los salmos en general):

DAY, J. «Pre-Deuteronomistic Allusions to the Covenant in Hosea and Psalm lxxviii», en *VT* 36, 1986, pp. 1-12.

HAGLUND, E. Historical Motifs in the Psalms (Coniectanea Biblica, Old Testament Series, 23), C.W.K. Gleerup, Lund, 1984.

KÜHLEWEIN, J. *Geschichte in den Psalmen* (Calwer theologische Monographien, Reihe A 2), Calwer. Stuttgart, 1973.

SABOURIN, L. *The Psalms: Their Origin and Meaning* 2, pp. 295-307.

Sobre las liturgias de entrada:

BEYERLIN, W. *Weisheitlich-kultische Heilsordnung. Studien zum 15 Psalm.* (Biblisch-theologische Studien, 9), Neukirchener Verlag, Neukirchen, 1985.

SABOURIN, L. *The Psalms: Their Origin and Meaning* 2, pp. 324-30

WILLIS, J. T. «Ethics in a Cultic Setting», en *Essays in Old Testament Ethics (J. Philip Hyatt in Memoriam)*, J. L. Crensahaw y J. T. Willis, editores, Ktav. Nueva York, 1974, pp. 145-69.

Sobre los salmos de peregrinación:

KEET, C. C. *A Study of the Psalms of Ascents*, Mitre. Londres 1969.

LIEBREICH, L. J. «The Songs of Ascents and the Priestly Blessing», en *JBL* 74, 1955, pp. 33-36.

SEYBOLD, K. *Die Wallfahrtspsalmen* (Biblische-theologische Studien, 3), Neukirchener Verlag. Neukirchen, 1978.

Capítulo 5

EL FESTIVAL
DE OTOÑO

El Festival de Otoño como celebración del reinado de Yahvé o su Entronización

El Festival y su datación

En este capítulo nos ocuparemos de la pregunta sobre lo que puede o no haber ocurrido en la celebración de la Fiesta de los Tabernáculos o Festival de Otoño en el culto de Jerusalén. Este es un tema que ha provocado mucha controversia; pero está claro que es un tema importante que hay que afrontar si queremos obtener un entendimiento cabal del lugar de los salmos en la alabanza del antiguo Israel.

La Fiesta de los Tabernáculos era uno de los tres festivales principales del año israelita durante los cuales tenían que acudir al santuario todos los varones israelitas, según las fuentes pre-exílicas (Éx. 23,14-17; 34,22 y 23; Dt. 16,16). Se celebraba durante el otoño, en septiembre u octubre, en el momento de la recolección de la fruta y de la elaboración del vino y del aceite, los otros dos festivales se celebraban en primavera, la conocida Fiesta de los panes sin levadura (la cual vino a asociarse con la Pascua), en la fiesta de la recolección de la cebada en marzo-abril, y la Fiesta de las Semanas (o Pentecostés) en la época de la recolección del trigo en mayo-junio. En su origen todos éstos eran claramente festivales agrícolas que debieron ser tomados de los cananeos. Los primeros calendarios cúlticos que mencionan estas fiestas aparecen en Éxodo 34, generalmente considerado de fuente J o Yavista (tradicionalmente fechado en el siglo IX o X a. C.) y en Éxodo 23, generalmente considerado de fuente E o Elohísta (tradicionalmente fechado en el siglo VIII a. C.). En Éxodo 34,22 se dice que la Fiesta de los Tabernáculos tuvo lugar en *t^{e}qõpat haëë^{a}n*≤ («el retorno del comienzo del año»), mientras en Éxodo 23,16 se dice que tenía lugar en *b^{e}îÂ't haëë^{a}n*≤ («a la salida del año»), los estudiosos han discutido si estas expresiones se refieren al principio o al final del año. Mowinckel afirmaba que debía ser entendido que Éxodo 23,16 se refería al punto de arranque del año, es decir, a su comienzo, con lo cual la defensa de esta tesis supondría que la Fiesta de los Tabernáculos tendría la naturaleza de un Festival de Año Nuevo. Sin embargo, un análisis muy cuidadoso de las expresiones paralelas realizado por E. Kutsch («... am Ende des Jahres», ZAW 83,1971, pp. 15-21) demuestra que cuando la raíz *yî'* se utiliza con referencia al día, la noche, mes o año en hebreo bíblico y acadio, se refiere a su final, así que se debe entender como «a la salida (es decir, final) del año». Esto concordaría con el hecho de que tanto en Éxodo 23 como en Éxodo 34 la Fiesta de los Tabernáculos es la última mencionada en la lista de los tres Festivales principales.

No obstante, el hecho de que la expresión *t^{e}qõpat haëë^{a}n*≤ «el retorno del comienzo del año», es utilizado para referirse a la Fiesta de los Tabernáculos, sugiere de hecho que este Festival marcaba, efectivamente, el momento en que terminaba un año y comenzaba otro. Posiblemente, el último día del Festival señalaba el comienzo del Año Nuevo. En otras palabras, además de indicar el final de un año, también parece haber proclamado el comienzo del Año Nuevo en el Israel pre-exílico.

Hay que tener en cuenta que D. J. A. Clines ha defendido que las expresiones de Éxodo 23 y 34 hacen referencia exclusivamente al retorno del comienzo del año agrícola más que al calendario anual. No obstante, esto es poco probable, porque sabemos que en el judaísmo tardío se celebraba el Año Nuevo (y todavía se celebra) durante el otoño, el uno de Tishri, incluso aunque técnicamente el calendario anual comience en primavera. Esto es algo que no explica la teoría de Clines. En relación con lo que ya se ha dicho, debemos mencionar que en la literatura post-exílica del Antiguo Testamento encontramos mencionados nombres babilónicos para los meses. Éstos, según admite la mayoría de los eruditos, fueron tomados por los judíos bien durante la época del exilio en Babilonia en el siglo sexto a. C. o bien unos cuantos años antes cuando el reino de Judá se encontraba bajo la hegemonía babilónica. El calendario babilónico presupone un Año Nuevo en primavera lo cual explica por qué en la literatura post-exílica del Antiguo Testamento se dice que la Fiesta de los Tabernáculos tenía lugar en el séptimo mes (cf. Lv. 23,34). En contraste con esto, en el período pre-exílico, la Fiesta de los Tabernáculos se celebraba en el momento en que terminaba un año y comenzaba otro. Esto presupone el calendario otoñal, en correlación con un importante cambio en el año agrícola, y fue claramente adoptado de los cananeos cuando los israelitas se asentaron en la tierra de Canaán.

Lo que pudo o no haber ocurrido en este Festival es un tema muy discutido. Fue defendido por primera vez por P. Volz en el año 1912, e independientemente por Mowinckel en 1922, que el Festival de Otoño en Israel consistía en una celebración de la primitiva victoria de Yahvé sobre el caos de las aguas en la creación y su consecuente entronización como rey. Esto tuvo lugar en el culto de Jerusalén; la presencia de Yahvé se simbolizaba con el Arca, la cual era llevada en procesión hasta el templo. Al recrear la entronización prístina de Yahvé sobre el caos, los israelitas volvían a experimentar esa entronización de forma sacramental, y veían a Yahvé como el controlador de las fuerzas del caos en el presente para asegurar tanto la fertilidad de la tierra como su bienestar político. Algunos salmos como el 47; 93 y 96-99 (los llamados «salmos de entronización») eran cantados entonces, además de otros muchos; y se argumentaba que *Yahweh m^alak*, expresión que aparece en la mayoría de estos salmos, debería ser entendida como «Yahvé se ha convertido en rey» en vez de «Yahvé es rey»; como anteriormente se había creído. Apelaron al Festival babilónico de Año Nuevo (*Akitu*) como una analogía, porque en esta celebración la llamada épica babilónica de la creación (*Enuma Elish*) era recitada, en ella se vuelve a contar la victoria del dios Marduk sobre el monstruo del caos de las aguas, Tiamat, y la creación del mundo, con la cual se asociaba su entronización como rey. Sin embargo, es incorrecto suponer, como a veces se ha hecho, que Mowinckel sencillamente veía el Festival babilónico en el Antiguo Testamento. Al contrario, él se basaba principalmente en varias evidencias del texto bíblico y también en evidencias rabínicas más tardías para apoyar su reconstrucción, y el Festival babilónico de Año Nuevo era considerado meramente como una analogía confirmatoria.

En las secciones siguientes analizaremos sistemáticamente las evidencias que se han aportado para sostener la noción de que la Fiesta de los Tabernáculos tenía el carácter de un Festival de entronización en el Antiguo Israel. En el transcurso de este capítulo examinaremos también los argumentos que han sido expuestos en contra de esta tesis.

**Evidencias post-exílicas de la conexión
de la Fiesta de los Tabernáculos/Año Nuevo
con la Celebración del reinado de Yahvé**

Varias evidencias de procedencia post-exílica pueden citarse para indicar la conexión entre el tema del reinado de Yahvé con la Fiesta de los Tabernáculos o Año Nuevo:

(a) Sabemos que, en el judaísmo post-bíblico, el reinado de Yahvé era (y de hecho sigue siendo) un importante tema del Festival judío del Año Nuevo. Pasajes sobre el reinado de Yahvé (los llamados *Malkiyyoth*) son recitados este día, incluyéndose el Salmo 93,1 (uno de los «salmos de entronización») y el salmo relacionado con él, Salmo 24,7-10. Otros versículos recitados son el *Shofaroth* (pasajes que hacen referencia al hecho de hacer sonar el *shofar* o «cuerno de carnero»), de nuevo incluyendo versículos de dos «salmos de entronización», Salmo 47,5 y Salmo 98,6, además del salmo relacionado con ellos, Salmo 81,3. Las primeras alusiones a las bendiciones rituales en relación con el Año Nuevo judío están en la Misná, *Rosh hashshanah* 4.5, hay que admitir que esta evidencia es bastante tardía, pero, como veremos más adelante, hay otra evidencia que apoya su antigüedad.

(b) El título del Salmo 29 en la versión de los Setenta, la traducción griega del Antiguo Testamento, pone el salmo en conexión con la Fiesta de los Tabernáculos. Este salmo se halla atravesado por el tema del reinado de Yahvé (cf. v. 10) y está relacionado claramente con los «salmos de entronización» en cuanto a sus temas (cf. vv. 3 y 10 con Sal. 93,3 ss., y 1 ss. con Sal. 96,7-9).

(c) Zacarías 14,16 y siguiente conecta específicamente la Fiesta de los Tabernáculos con la adoración de Yahvé como rey. Allí leemos que, «Todos los que sobrevivan de las naciones que vinieron contra Jerusalén, subirán de año en año para adorar al Rey, a Yahvé de los ejércitos, y para celebrar la fiesta de los Tabernáculos. Y acontecerá que si alguna familia de la tierra no sube a Jerusalén para adorar al Rey, a Yahvé de los ejércitos, no habrá lluvia para ellos». Aunque este pasaje a veces se descarta como tardío (pero en todo caso no es tan tardío como la evidencia arriba citada), hay que notar que (i) de hecho puede ser menos tardío de lo que algunos lo consideran. P. D. Hanson, por ejemplo, lo fecha entre el 475 y el 425 a. C.; (ii) el culto tiende a ser muy conservador, así que Zacarías 14,16 y siguiente, refleja probablemente ideas mucho más antiguas. La declaración respecto a los que no suben a la Fiesta de los Tabernáculos, que dice «no habrá lluvia para ellos» refleja la naturaleza agrícola original del festival, y anima a uno a creer que otros aspectos antiguos del mismo también pueden ser aducidos aquí; (iii) como veremos más abajo, hay otras evidencias más tempranas que apoyan la conexión entre el reinado de Yahvé y la Fiesta de los Tabernáculos.

La fecha de los salmos de entronización y su relación con el Deutero-Isaías

Un argumento utilizado por algunos estudiosos que se oponen a las teorías de Mowinckel sobre estos salmos es que son post-exílicos, dependiendo por ello del profeta del exilio, conocido como el Deutero-Isaías (Is. 40-55), cuyo mensaje tiene algunos sorprendentes paralelismos con ellos (así, por ejemplo, los primeros estudios de Kraus, N. H. Snaith y Westermann). Ellos señalan que el mensaje del Deutero-Isaías, como ocurre con el mensaje de los mencionados salmos, está penetrado por la idea de Yahvé como creador (por ejemplo, Is. 40,12.28; cf. Sal. 93,1; 96,5 y 10), y su superioridad sobre otros dioses (por ejemplo, Is. 45,21 ss.; 46,9 cf. Sal. 96,4 ss.; 97,7 y 9). El estribillo común de los «salmos de entronización» (Sal. 47,8; 93,1; 96,10; 97,1 y 99,1) se repite en Isaías 52,7 m^alak $'^e lÜh^ayik$, «Tú dios reinará», y la victoria de Yahvé sobre el caos de las aguas aparece implícitamente tanto en el Salmo 93,3 ss. como en Isaías 51,9 ss. Incluso hay paralelismos palabra por palabra: «Cantad a Yahvé cántico nuevo» (Sal. 96,1 y 98,1; Is. 42,10), «Todos los términos de la tierra han visto (o verán) la salvación de nuestro Dios» (Sal. 98,3; Is. 52,10), y «brame el mar y toda su plenitud» (Sal. 96,11 y 98,7; Is. 42,10 enmendado). Otros paralelismos se encuentran en las expresiones «su santo brazo» (Sal. 98,1; Is. 52,10), «a vista de las naciones» (Sal. 98,2; Is. 52,10), «batan las manos» (Sal. 98,8; Is. 55,12), «desde siempre» (Sal. 93,2; Is. 44,8; 45,21; 48,3,5,7s.), y la llamada a la naturaleza a unirse en la canción de alabanza a Yahvé (Sal. 96,11 ss.; Is. 44,23 y 49,13).

Estos paralelismos indican, ciertamente, alguna clase de conexión entre los salmos y el Deutero-Isaías, pero ¿prueban, acaso, que era el profeta quien dependía de los salmos? ¿No puede ser, como afirman otros estudiosos, que fuera el Deutero-Isaías quien dependiera de los salmos? Aquí tenemos el clásico dilema de la gallina y del huevo, ¿qué fue primero? La gran mayoría de los estudiosos modernos aceptaría que por los menos algunos de los salmos de entronización son de la etapa pre-exílica, y los que ven una dependencia de los salmos con respecto al profeta, tienden a limitarla a los Salmos 96 y 98, donde los paralelismos verbales son más cercanos (por ejemplo, Jörg Jeremías). Sin embargo, éstos podrían ser también de época pre-exílica, como veremos más adelante.

Pueden proponerse un número considerable de argumentos a favor de la precedencia de los salmos en cuestión. Un argumento de peso es el hecho de que el Deutero-Isaías era un monoteísta absoluto, que declara en términos muy concretos que no existe ningún Dios aparte de Yahvé (cf. Is. 44,6; 45,5.14 y 21 y 46,9), mientras los salmos muestran, de una manera implícita, que existen otros dioses, pero que Yahvé es superior a ellos (Sal. 96,4 ss.; 97,7 y 9; cf. lo relacionado con el Salmo 95,3). Si los salmos dependieran del Deutero-Isaías, deberíamos esperar que reflejaran su fuerte monoteísmo; tal y como son, representan el tipo de creencia característica del período anterior al exilio. Algunos otros temas distintivos del Deutero-Isaías también están ausentes de estos salmos, y esto sería sorprendente si dependieran de él. Por ejemplo, los motivos de Yahvé como «redentor» (gÜ 'Âl) y el nuevo éxodo no aparecen, y tampoco hay referencias a Babilonia, al cautiverio allí, o a la restauración después del exilio. La naturaleza precisa del hecho que origina «el cántico nuevo» no queda especificada. En cuanto a las palabras «cantad a Yahvé cántico nuevo» (Sal. 96,1; 98,1; Is. 42,10), son características de los salmos y no de la profecía (cf. Sal. 33,3; 40,3 y 144,9), y, por ello, sugieren la precedencia del Salmo 96 o 98 (cualquiera que sea la fuente) sobre el Deutero-Isaías. Parece ser que este punto importante no era observado anteriormente. Si añadimos a este hecho que hay evidencia en otros lugares de la dependencia del Deutero-Isaías en formas y temas sálmicos, es difícil negar que es el profeta quien ha cogido los motivos de los «salmos de entronización» y los ha aplicado a la situación contemporánea: el reinado de Yahvé se manifestará nuevamente en la derrota de Babilonia y la liberación de los exiliados judíos, situando al Dios de Israel sobre los otros dioses e inaugurando una nueva era.

En el curso de la discusión arriba mencionada ha surgido que los Salmos 96; 97 y 98, además del Salmo 95, relacionado con ellos, posiblemente son más antiguos que el Deutero-Isaías. Lo mismo se puede decir de los demás «salmos de entronización». Por eso el Salmo 47 es considerado por la mayoría de la crítica como un salmo pre-exílico, dado que «Dios ha subido con un grito, el Señor con el sonido de un cuerno» (v. 5) implica una ceremonia con el Arca (véase más abajo), y no existía el Arca en el período post-exílico. De nuevo, el Salmo 99 con su triple referencia a la santidad de Yahvé (vv. 3, 5, 9), en el contexto del reinado de Yahvé y el temblor de la tierra (v. 1), parece sugerir la visión de la llamada de Isaías en el templo (Is. 6,1-4). Además, el versículo 1 habla de Yahvé como «sentado sobre los querubines». Si esto hace alusión a los querubines del templo, en lugar de los querubines celestiales, como referencia a Él como grande en Sión, tal y como lo sugiere el versículo siguiente, entonces el «estrado» de Yahvé en el versículo 5 será el Arca del templo debajo del trono de los querubines y, por lo tanto, esto indicaría nuevamente una fecha pre-exílica. Y respecto al Salmo 93, éste es comúnmente aceptado como un salmo antiguo, dado que su descripción de la victoria de Yahvé sobre el caos de las aguas se parece mucho al mito cananeo subyacente.

Considerando todo, hay buenas razones para creer que los «salmos de entronización» son anteriores al Deutero-Isaías y reflejan cómo era la adoración en el culto de Jerusalén durante el período pre-exílico.

El marco de los «salmos de entronización» en la etapa pre-exílica

Si damos por supuesto que los «salmos de entronización» son de época pre-exílica, ¿existe alguna evidencia que apoye su marco en la Fiesta de los Tabernáculos/Año Nuevo durante ese período, de la manera que ya hemos visto que ocurría en la era post-exílica? Por supuesto que sí:

(a) Primero, es importante observar que el tema del reinado de Yahvé mantenía una relación muy cercana con el tema de la creación del mundo. Esto es verdad tanto para los salmos que contienen la idea del reinado de Yahvé que no son específicamente «salmos de entronización» (cf. Salmo 24,1 ss., 7 y ss. y 74,12 y ss.) como para los propios «salmos de entronización» (Sal. 93,1 ss.; 96,10; cf. 95,3-6). Dado que la creación era considerada, lógicamente, como algo que ocurrió en el momento del mismo primer año nuevo, el tiempo alrededor del año nuevo era el momento más apropiado para recordar la actividad creadora de Yahvé. Como hemos visto, era más o menos en ese momento cuando se celebraba la Fiesta de los Tabernáculos según fuentes pre-exílicas (cf. Éx. 23,16 y 34,22). De hecho, hubiera sido mucho más apropiado que estos salmos hubieran sido asociados con la Fiesta de los Tabernáculos en el período pre-exílico que más tarde, dado que durante el período post-exílico, cuando estaba en vigencia el calendario de primavera, la Fiesta de los Tabernáculos se celebraba durante el séptimo mes (cf. Lv. 23,34), mientras que en la era pre-exílica se celebraba en el momento en que un año acababa y comenzaba el siguiente. Por eso, no se puede imaginar ningún trasfondo mejor para los «salmos de entronización» y otros salmos que hablan sobre el reinado de Yahvé. De acuerdo con esto, el sentido general de la novedad de las cosas que penetra estos salmos debería ser tenido en cuenta (cf. Sal. 96,1 y 98,1, «Cantad a Yahvé cántico *nuevo...*»).

(b) Segundo, debe tenerse en cuenta que hay un cierto número de alusiones al Arca cuando era llevada en procesión, en el momento en que se celebraba el reinado de Yahvé (Sal. 24,7 y ss.; 47,5; 68,1 [cf. Nm. 10,35], 18). Esta subida del Arca era, por lo menos parcialmente, una recapitulación de su subida por parte de David a Sión en 2 Samuel 6, lo cual se repite en el Salmo 132. Es interesante observar que 1 Crónicas 16,23-33 cita el Salmo 96, uno de los «salmos de entronización», en su integridad como uno de los salmos cantados en conexión con la acción de David. Ahora, por fin, el Arca era subida al templo por Salomón y, seguramente, es significativo que esto se feche de manera específica en el tiempo de la Fiesta de los Tabernáculos en 1 Reyes 8,2 («la fiesta en el mes de Etanim, el cual es el séptimo mes»). Así que aquí tenemos otra señal de la conexión entre el reinado de Yahvé y la Fiesta de los Tabernáculos con el período pre-exílico.

De esta manera, en general, hemos dado tres evidencias independientes que se unen para apoyar la perspectiva de que el reinado de Yahvé era asociado con la Fiesta de los Tabernáculos/ Año Nuevo durante el período post-exílico y otras dos evidencias independientes que se unen para indicar que el reinado de Yahvé se ponía en relación con la Fiesta de los Tabernáculos/Año Nuevo durante la época pre-exílica. Mientras cada evidencia tomada por sí sola puede no resultar muy convincente, en conjunto estos cinco argumentos ofrecen un cuadro creíble. La teoría de Mowinckel en la cual la celebración del reinado de Yahvé era una parte importante de la antigua fiesta israelita de los Tabernáculos/Año Nuevo cuenta con un alto grado de credibilidad. Además, los eruditos que rechazan este punto de vista no han podido ofrecer un marco más convincente para los «salmos de entronización». N. H. Snaitz los vio como salmos del Sabath, pero, como ha señalado Mowinckel, no hay nada en estos salmos que sugiera que el Sábado fuera su marco original. ¡Se centran más bien en la actividad de Yahvé que en su descanso! De nuevo, S. Aalen pensaba que eran salmos matutinos, es decir, salmos compuestos para el sacrificio matutino diario (el t^amAd) en el Templo, pero esta teoría carece también de fundamento.

El significado de *Yahweh mᵃlak* y de *mᵃlak 'eīÜhΔm*: ¿Yahvé/Dios es rey o Yahvé/Dios se ha convertido en rey?

Los salmos normalmente llamados «salmos de entronización» son los Salmos 47; 93; 96-99. En la mayoría de estos encontramos la declaración *Yahweh mᵃlak* (Sal. 93,1; 96,10; 97,1 y 99,1) o, en el caso del Salmo 47,8 *mᵃlak 'eīÜhΔm*. Mowinckel afirma que estas expresiones deberían ser traducidas respectivamente como: «Yahvé se ha convertido en rey» y «Dios se ha convertido en rey», y esta interpretación llegó a ser importante para apoyar su punto de vista sobre el Festival de Otoño como el momento en que se celebraba la entronización de Yahvé. Algunos estudiosos han surgido en apoyo de Mowinckel, mientras otros argumentan que *Yahweh mᵃlak* resultaría mejor traducido como «Yahvé es rey» y algunos de ellos (aunque es un número muy reducido) afirman que *mᵃlak 'eīÜhΔm* quiere decir sencillamente «Dios es rey». ¿Existe alguna manera de averiguar cuál de estos puntos de vista es el correcto? Ahora mismo consideraremos los argumentos:

(a) Filológicamente puede decirse que la palabra *mlk* puede signi-
    ficar tanto «ser rey» como «convertirse en rey», si excluimos
    los pasajes de los salmos que estamos discutiendo además del
    versículo relacionado con ellos en Isaías 52,7, podemos decir
    que, de hecho, hay tres maneras en las que se emplea el perfecto
    del verbo:
    (i) El perfecto *mᵃlak'* se usa a menudo con el sentido «era/fue
        rey», como a menudo ocurre en los libros de Reyes (por

ejemplo, «Baasa, el hijo de Ahías... fue rey (*m*ª*lak*) durante veinticuatro años», 1 R. 15,33[1]).

(ii) El perfecto *m*ª*lak* se usa también a menudo con el sentido «se convirtió en rey», otra vez a menudo en los libros de Reyes. Por ejemplo, «en el tercer año del rey Asa de Judá, Baasa el hijo de Ahías se convirtió en rey (*m*ª*lak*) sobre todo Israel en Tirsa...» (1 R. 15,33).

(iii) El perfecto de *m*ª*lak* también se encuentra con el significado «se ha convertido en rey» en el contexto de la coronación real. Por ejemplo, «hicieron sonar la trompeta y proclamaron, "Jehú se ha convertido en rey (*m*ª*lak*)"» (2 R. 9,13). De manera similar, en 2 Samuel 15,10, y, siguiendo con las coronaciones, 1 Samuel 12,14; 1 Reyes 1,11,13,18.

Así que la evidencia de su uso fuera de los salmos sirve de testimonio del significado «(él) era rey», «(él) se convirtió en rey» y de «(él) se ha convertido en rey» para el perfecto de *m*ª*lak*. Lógicamente, nadie sugiere ninguno de los dos primeros significados para las expresiones *Yahweh m*ª*lak* o *m*ª*lak* *'*ᵉ*lÜhΔm* en los salmos, mientras que lo que Mowinckel entiende tiene claramente sus raíces en el tercer significado. Respecto a la crítica de las formas, es indudablemente el caso que las proclamaciones de la coronación «Jehú se ha convertido en rey» (*m*ª*lak yÂhõ'*) en 2 Reyes 9,13 y «Absalón se ha convertido en rey» (*m*ª*lak 'abë*ª*lÛm*) en 2 Samuel 15,10 proporcionan los paralelismos más cercanos a *m*ª*lak '*ᵉ*lÜhΔm* y *Yahweh m*ª*lak*. Si esto es así, tenemos la justificación para la afirmación de Mowinckel que los salmos que estamos estudiando pueden ser correctamente llamados «salmos de entronización».

A pesar de la evidencia arriba citada, probablemente la gran mayoría de los estudiosos optan por el significado «Yahvé es rey» en contra de Mowinckel. A menudo no se ofrece ninguna razón para esta traducción aparte del sentimiento general que es más natural que «Yahvé se ha convertido en rey». Sin

---

1 N. del T.: La versión Reina-Valera traduce: «Comenzó a reinar Baasa». La cita del libro se corresponde con la versión bíblica utilizada por el autor.

embargo, mientras puede parecer más natural desde el punto de vista de las modernas presuposiciones religiosas, no es el más natural desde el punto de vista del uso lingüístico de *m^{a}lak* en otros lugares del Antiguo Testamento. Aunque está bien documentado que los verbos en tiempo perfecto en hebreo pueden tener un significado de presente, y aunque «(él) es rey» sea en principio una traducción bastante posible para *m^{a}lak*, no se puede encontrar con este significado en ninguna parte del Antiguo Testamento de forma clara. Más bien, cuando el significado de *mlk* es «ser rey», hace falta traducir el perfecto «(él) fue rey», como los ejemplos antes citados demuestran. Por supuesto, es perfectamente posible traducir las proclamaciones de coronación en 2 Reyes 9,13 y 2 Samuel 15,10 como «Jehú es rey» y «Abasalón es rey», pero los contextos de entronización indican claramente que lo que se quería decir con esto es «Jehu es (ahora) rey» y «Absalón es (ahora) rey». Lo mismo se puede decir de las declaraciones hechas con respecto a Adonías en 1 Reyes 1 inmediatamente después de su coronación, «Adonías se ha convertido en rey» (vv. 11,13 *m^{a}lak $^{'a}$dÜnΔy^{a}hõ*, v. 18 *$^{'a}$dÜnΔy≤ m^{a}lak*), y supuestamente también en relación con la referencia a Saúl en 1 Samuel 12,14, «el rey que se ha convertido en rey por encima de vosotros» (*hammelek $^{'a}$ëer m^{a}lak $^{'a}$lÃkem*), dado que esto también entra dentro del contexto de los capítulos sobre su entronización (1 S. 8-12). Carecemos de un ejemplo claro en el que *m^{a}lak* signifique simplemente «es rey» de un modo general y constante sin referencia a ninguna entronización reciente.

Sin embargo, J. Ridderbos y H. J. Kraus han afirmado que el orden de las palabras es significativo para determinar el significado de *m^{a}lak*. Ellos afirman que cuando el verbo aparece en primera posición, el significado es ingresivo, así que *m^{a}lak $^{'e}$lÜhΔm* en el Salmo 47,8 quiere decir «Dios reina sobre las naciones» (cf. también *m^{a}lak $^{'e}$lÜh^{a}yik* «¡Tu Dios reina!» en Is. 52,7), pero cuando el sujeto está en primera posición el significado es durativo, así que *Yahweh m^{a}lak* (Sal. 93,1; 96,10; 97,1 y 99,1) quiere decir «Yahvé es rey». Desgraciadamente, no existe ninguna evidencia que apoye esto. Como señala J. Ulrichsen tan acertadamente, lo que encontramos en los libros históricos del Antiguo Testamento son expresiones que utilizan $m^a lak$ en el sentido de «se ha convertido en rey» tanto con el sujeto en primera posición como con el verbo en primera posición: por ejemplo, 1 Reyes 16,29 y 2 Reyes 15,13 siguen el orden primero y 1 Reyes 15,1 y 9, el posterior. Mejor dicho, dejando de lado el significado preciso del verbo, L. Köhler acierta seguramente al considerar que el orden normal de la frase hebrea es verbo + sujeto, así que al poner el sujeto primero le concede una cierta preponderancia. Recalcar que «Yahvé se ha convertido en rey» seguramente encajaría con el contenido de los «salmos de entronización», remarcando de la forma en que lo hace la exaltación de Yahvé sobre los dioses (Sal. 96,4 ss.; 97,7.9; cf. 95,3), el caos de las aguas (Sal. 93,3 ss.), y las naciones (Sal. 98,2 y 99,2).

(b) El Salmo 47 es el que ofrece el apoyo más claro para la traducción «se ha convertido en rey», de modo que algunos estudiosos lo aceptan para este salmo cuando no lo aceptarían para otros. Tres versículos antes de las palabras $m^a lak$ '$^e l\ddot{U}h\Delta m$ (v. 8) leemos «¡Subió Dios con júbilo, Yahvé con el sonido de la trompeta!» (v. 5). Es generalmente aceptado que este versículo hace alusión a la subida del Arca, el símbolo de la presencia de Yahvé, al templo. Ciertamente, no se conoce ningún otro símbolo apropiado de la presencia de Yahvé, y el Arca parece estar documentada en otros lugares en conexión con una ceremonia en la que se celebraba el reinado de Yahvé en los Salmos 24,7-10 y 68,1 (cf. palabras dirigidas al Arca en Nm. 10,35) y 68,18, además de en el Salmo 132. Ahora la ceremonia en el Salmo 132 recapitula la acción de David al subir el Arca a Jerusalén en 2 Samuel 6, donde leemos que «con júbilo y sonidos de trompeta, David y toda la casa de Israel conducían el Arca de Yahvé», un lenguaje que recuerda el del Salmo 47,5. Esto vuelve a confirmar la identificación del Arca allí. Dado que el Arca que simboliza la presencia de Dios había sido subida al templo y colocada debajo del trono de los querubines (cf. Sal. 99,1), es natural suponer que el Salmo 47,8b debe ser traducido «Dios se ha sentado sobre su santo trono» en lugar de «Dios se sienta sobre su santo trono» y que la línea paralela en el versículo 8a debería ser de la misma manera traducida como «Dios se ha convertido en rey sobre las naciones» en lugar de «Dios reina sobre las naciones». Todo el contexto parece implicar una acción en lugar de un estado eterno.

Que el Salmo 47 se refiere específicamente a un acto de entronización, encuentra un nuevo apoyo en la referencia a la ascensión de Yahvé en el versículo 5, la cual es acompañada por el sonido de un cuerno (qÛl ëÛpªr), porque el sonido del cuerno era una señal característica de los cultos israelitas de coronación, como sabemos por 2 Samuel 15,10, 1 Reyes 1,34,39 y 41; 2 Reyes 9,13 (cf. También trompetas en 2 Reyes 11,14). De manera similar, es natural suponer, como ha argumentado Mowinckel, que las palabras mªlak 'ᵉlÜhΔm, para ser traducidas «Dios se ha convertido en rey», son modeladas en las proclamaciones encontradas en conexión con las coronaciones de los reyes israelitas, tal como el caso de Jehú: mªlak yÂhõ', «Jehú se ha convertido en rey» (2 R. 9,13).

El Salmo 47 se constituye en un motivo de vergüenza para Kraus. Como una alternativa al Festival de entronización defendido por Mowinckel, él buscaba entender el Festival de Otoño como «un Festival del Sión Real», en el cual el Salmo 132 era considerado como la repetición de los dos motivos centrales de 2 Samuel 6 y 7, concretamente una procesión con el Arca al santuario y la promesa del Pacto de Dios con David. Aunque Kraus vio la entrada del Arca en el templo como algo asociado con los salmos relativos al reinado de Yahvé, él negaba que ésta tuviera el carácter de una entronización. Obviamente, no tiene ni idea de qué hacer con el Salmo 47, dado que admite que en este salmo se nos narra, de hecho, la entronización de Yahvé, e incluso él encuentra natural suponer que ¡se está refiriendo al Arca!

(c) Ahora podemos destacar otra evidencia para apoyar el punto de vista de que «Yahvé se ha convertido en rey» es la traducción correcta, al ver que los salmos de entronización están traspasados por el sentimiento de la novedad de las cosas. Éste es explícitamente el caso en los Salmos 96 y 98, en que ambos comienzan con las palabras, «Cantad a Yahvé cántico *nuevo*». El hecho de que las referencias a un «cántico nuevo' en los pasajes sálmicos indique por lo general una nueva situación queda demostrado por el contexto de los Salmos 40,3; 144,9; 149,1 e Isaías 42,10. De hecho, la alusión de Isaías es en realidad una cita de los Salmos 96,1 y 11; y 98,1 y 7, y el versículo anterior (Is. 42,9), el cual habla de Dios haciendo «cosas nuevas», aclara el contexto. De modo similar, es difícil suponer que la expresión *Yahweh* $m^a lak$, mencionada en conexión con el «cántico nuevo» en estos salmos, describa sencillamente un estado eterno («Yahvé es rey»), porque ¡no habría nada nuevo en eso! Como en Isaías 42,9 ss., una nueva época está seguramente apunto de llegar. Lo cual hace más probable la traducción «Yahvé se ha convertido en rey». La nueva era del Reino de Dios está claramente descrita en los Salmos 96,13 y 98,9: «...porque ha venido a juzgar la tierra, ¡juzgará al mundo con justicia y a los pueblos con su verdad».

(d) Más evidencias a favor de la traducción «Yahvé se ha convertido en rey» pueden deducirse de una consideración de la prehistoria del concepto mítico que subyace en los «salmos de entronización», el cual es especialmente visible en el Salmo 93,3 y 4 (de manera similar, Sal. 29,10 cf. v. 3) y 74,12-15. Ahora, es evidente que el Antiguo Testamento se ha apoderado aquí del mito cananeo y lo ha aplicado a Yahvé, mito que conocemos a través de los textos ugaríticos de la victoria de Baal sobre el mar (Yam), como resultado de la cual Baal llegó a ser rey (Gibson, 37-45). Esto tiende a apoyar la traducción «Yahvé se ha convertido en rey» en el versículo 1. Otro mito relacionado con el ugarítico es el mito babilónico de la victoria del rey Marduk sobre el caos de las aguas, recitado en el festival babilónico de Año Nuevo, que relata, de manera similar, cómo Marduk llegó a ser rey; pero este hecho era un preludio de su victoria y no una consecuencia de la misma (*Enuma elish* 4,28 en ANET 66).

(e) Otro argumento de apoyo puede extraerse de un examen del entendimiento post-sálmico del reinado de Yahvé. Zacarías 14, como hemos visto anteriormente, asocia la celebración del reinado de Yahvé con la Fiesta de los Tabernáculos (vv. 16 ss.), describe con claridad la venida escatológica de este reino en un lenguaje que suena a una repetición de los «salmos de entronización»: «Y el Señor se convertirá en rey sobre toda la tierra» (v. 9). Obviamente, éste no es ningún reinado estático sino que se trata de un reinado dinámico que se manifestará de nuevo en los últimos tiempos. Otros temas de Zacarías 14, representan una proyección hacia delante de motivos que provienen de los salmos, por ejemplo el conflicto con las naciones (Zac. 14,1 y ss.; cf. Sal. 46; 48 y 76), el río mítico de Jerusalén (Zac. 14,8; cf. Sal. 46,4), y la reunión de las naciones en Jerusalén en la celebración del reinado de Yahvé (Zac. 14,16 ss.; cf. Sal. 47,9), el hecho de que Zacarías 14,9 perciba a Yahvé *convirtiéndose* en rey sobre la tierra en el futuro, apoya el entendimiento ingresivo de *Yahweh mᵃlak*, en los «salmos de entronización». De manera similar, en el Apocalipsis del Nuevo Testamento se hace una declaración a Dios, «has tomado tu gran poder y has a reinado (*ebasileousas*)» (Ap. 11,17 cf. v. 15) y se alza el grito «¡Aleluya! porque el Señor, nuestro Dios todopoderoso, reina (*ebasileusen*)» (Ap. 19,6). Es interesante que *ebasileusen* se corresponda precisamente con la traducción que la Septuaginta hace de *mᵃlak* en los «salmos de entronización». También se pueden comparar las palabras que encierran el mensaje central de Jesús, «el Reino de Dios se ha acercado» (Mr., 1,15, las cuales, de manera similar implican que Dios se convertirá en rey en el futuro, en un sentido compatible con el hecho de que él ya sea rey de algún modo.

Hemos acumulado un buen número de argumentos que, en conjunto, presentan una buena base para apoyar la tesis de Mowinckel, según la cual los Salmos 47; 93 y 96-99 no celebran solamente el reinado de Yahvé sino más específicamente su entronización. La cuestión sobre cómo se puede hablar de la conversión de Yahvé en rey ha sido suscitada inevitablemente por algunos eruditos. Después de todo, ¿cuándo no fue Yahvé rey? Y, ¿quién pudo entronizar a Yahvé? A la primera pregunta se puede responder que, si lo que se está proponiendo es que Yahvé ha estado fuera del trono durante algún tiempo, como ocurre con los dioses que cíclicamente mueren y resucitan, pertenecientes a algunas de las religiones de fertilidad del Próximo Oriente (por ejemplo Baal), entonces, por supuesto, esto sería ciertamente incompatible con la fe del Antiguo Testamento. Mientras que un pequeño grupo de eruditos ha propuesto tales nociones en el pasado (por ejemplo H. Schmidt, G. Widengren, S.H.

Hooke), estas opiniones son ahora, universalmente, rechazadas. Lo que Mowinckel y aquellos que le siguen tienen en mente es algo bastante diferente. Se acepta que Yahvé era considerado como rey desde los tiempos primitivos; lo que los «salmos de entronización» son llamados a celebrar es la representación cúltica de la primitiva victoria de Yahvé sobre el caos. Se ha comparado frecuentemente la repetición anual en los servicios de Pascua y de Navidad en la Iglesia Cristiana con frases tales como «el Señor ha resucitado» y «Hoy os ha nacido un Salvador, Cristo el Señor». No obstante, la renovación del primitivo reinado de Yahvé fue defendida por Mowinckel para significar mucho más que esto: daba a entender una reivindicación de la soberanía de Yahvé sobre los poderes del caos que opera actualmente en la naturaleza y en la historia, y también la meta hacia la cual se estaba moviendo esta última. La eucaristía proporciona una analogía cristiana mejor para lo que Mowinckel tenía en mente, dado que no solamente incluye la recreación de un evento pasado, sino que también lo combina con una experiencia presente, además de tener rasgos escatológicos de futuro.

Una alternativa al concepto de Mowinckel sería ver estos salmos como simplemente escatológicos, demostrando el reinado futuro de Yahvé sobre el mundo, tal y como han hecho Gunkel, Westermann y Loretz. ¿Qué podemos decir de esto? Ciertamente existen rasgos escatológicos en los salmos, cf. los Salmos 96,13 y 98,9, «porque ha venido a juzgar la tierra. ¡juzgará al mundo con justicia y a los pueblos con su verdad (o equidad)». Sin embargo, hay dos objeciones contra la opinión de que los «salmos de entronización» sean simplemente escatológicos. Primera, el uso constante de la frase *Yahweh $m^a lak$* «Yahvé se ha convertido en rey», tendría que ser entendido como un «perfecto profético» (que hace referencia a un acontecimiento futuro) en todo el Salterio. Es extraño que los salmistas nunca se atrevieran a expresar claramente «Yahvé se convertirá en rey», si eso es lo que ellos querían, de verdad, decir. En segundo lugar, las referencias a la llegada de la conversión de Yahvé en rey están estrechamente asociadas con alusiones a su creación del mundo, como en los Salmos 93,1 y 96,10, «afirmó también el mundo y no será removido» (así mismo, el Sal. 95,4 y 5).

El punto de vista de Mowinckel, que ya ha sido mencionado, no siempre es bien entendido. Consiste en que la victoria primitiva de Yahvé en la creación está siendo celebrada, pero de tal manera que es recreada y renovada en el presente. Uno puede apelar a un cierto número de pasajes en apoyo de esta interpretación. Por ejemplo, el Salmo 93,3 dice «*Alzaron* los ríos, Yahvé, los ríos *alzaron* sus voces, los ríos *alzaron* sus olas». «Alzaron», en su forma pasada, parece aludir al momento de la creación (de lo cual se habla en los vv. 1 y 2), aunque la línea final utiliza el tiempo presente, «los ríos alzaron sus olas». De nuevo, el Salmo 65, el cual es claramente un salmo de cosecha asociado con la Fiesta de los Tabernáculos (aún se canta en los Festivales de la cosecha hoy en día), pasa del pensamiento de la victoria de Yahvé sobre el caos de las aguas en la creación a la idea de su victoria sobre los poderes del caos encarnados en las naciones enemigas en el presente: «el que afirma los montes con su poder, ceñido con valentía; el que sosiega el estruendo de los mares, el estruendo de sus olas, el alboroto de las naciones» (vv. 6 y 7).

Finalmente, la pregunta de quién estaría en posición de entronizar a Yahvé, puede ser contestada replicando que esta pregunta está mal concebida desde su raíz, dado que en las coronaciones ordinarias del mundo siempre es el menor quien entroniza al mayor, así que no surge ningún problema especial en el caso de la entronización de Yahvé. Es posible que considerasen que los dioses entronizaran a Yahvé o que incluso Él mismo se entronizase.

¿Una ceremonia de renovación del pacto?

Esta sugerencia ha sido propuesta por A. Weiser en su comentario sobre los salmos –tomando como base una idea propuesta por G. von Rad– que el tema dominante del Festival de Otoño no era la entronización de Yahvé, sino una renovación del pacto, es decir, la renovación del pacto realizado entre Yahvé y las tribus hebreas dirigidas por Moisés en el Monte Sinaí. Weiser no niega que la entronización de Yahvé fuera uno de los elementos de la Fiesta de los Tabernáculos, pero mantiene que esto estaba subordinado al tema general de la renovación del pacto (de manera similar, Mowinckel no negaba que la renovación del pacto fuera parte del

Festival de Entronización, tal y como él lo reconstruía; de hecho fue él quien, en 1927, defendió esto por primera vez, y sugirió que el Decálogo tenía su origen en este Festival). Se debería mencionar que Weiser incluía en el Festival que él defendía un gran número de salmos, en muchos de los cuales no parece obvia la presencia de la idea del pacto.

¿Qué evidencia hay para suponer que la renovación del pacto estaba asociada a la Fiesta de los Tabernáculos en el antiguo Israel? Dos salmos que parecen presuponer la renovación del pacto tomando como base su contenido son los Salmos 50 y 81, y la tradición judía, expresamente, atestigua la conexión del último mencionado con el Festival otoñal de Año Nuevo. La tradición judía es, por supuesto, una evidencia bastante posterior. Sin embargo, dado que la tardía fuente Sacerdotal del Pentateuco asociaba los eventos del monte Sinaí más bien con la Fiesta de las semanas, y del mismo modo la comunidad de Qunrám, aún más tardía, conectaba la renovación del pacto con este Festival, la divergente tradición rabínica, que asociaba la renovación del pacto con la Fiesta de los Tabernáculos, es posible que tenga las fuentes más antiguas. Deuteronomio 31,9 y ss. apoya esta hipótesis. Allí leemos: «Cada siete años, al llegar el año de la remisión, en la Fiesta de los Tabernáculos, cuando vaya todo Israel a presentarse delante de Yahvé tu Dios, en el lugar que él escoja, leerás esta ley ante todo Israel, a oídos de todos ellos». Dado que Deuteronomio es el libro del pacto por excelencia, aquí tenemos una evidencia que data por lo menos del siglo VI a. C. asociando la renovación del pacto con la Fiesta de los Tabernáculos. De modo similar, según Nehemías 8,2, *Esdras* leyó el libro de la ley en el momento del año nuevo otoñal. Además, hay que mencionar que tanto el Salmo 81,7 (un salmo de renovación del pacto) como el Salmo 95,8 (un «salmo de entronización») hacen alusión al pecado en el desierto, en Masa y en Meribá. Ya hemos visto cuántas evidencias conectan los «salmos de entronización» con la Fiesta de los Tabernáculos; la alusión paralela en el Salmo 81 sirve así para apoyar la tradición de un marco comparable. Otra observación más general que puede hacerse es que si alguien va a renovar el pacto, el momento del Año Nuevo (o la víspera de Año Nuevo) es tal vez la mejor ocasión para hacerlo. Se puede comparar con la costumbre anglosajona de hacer propósitos de Año Nuevo. Las palabras del Salmo 81,3 sitúan, ciertamente, las palabras del salmo en uno de los tres festivales principales: «Tocad la trompeta en la nueva luna, en el día señalado, en el día de nuestra fiesta solemne». Las evidencias de que disponemos sugieren que ese momento era la Fiesta de los Tabernáculos/Año Nuevo.

El Salmo 81,9 y 10 repite el principio del Decálogo: «No habrá en ti dios ajeno, ni te inclinarás a dios extraño. Yo soy Yahvé tu Dios, que te hice subir de la tierra de Egipto». Estas palabras reflejan claramente el comienzo del Decálogo, «Yo soy el Señor tu Dios, quien os ha sacado de la tierra de Egipto, fuera de la casa de esclavitud. No tendréis otros dioses delante de mí». Otro salmo que es claramente un salmo de renovación del pacto es el Salmo 50. Que este salmo sea pre-exílico viene sugerido por la cita evidente que del versículo 2 se hace en Lamentaciones 2,15, «Cuantos pasan por el camino baten las palmas al verte, silban y mueven despectivamente la cabeza sobre la hija de Jerusalén, diciendo: ¿Es esta la ciudad que decían de perfecta hermosura, el gozo de toda la tierra?» (la expresión «el gozo de toda la tierra» es a su vez una cita del Salmo 48,2.)

El Salmo 50 parece representar una recreación cúltica de la perícopa del Sinaí en Éxodo 19; 20 y 24. Los siguientes paralelismos son significativos y sirven para justificar esta declaración:

Éxodo 19,16-20: La teofanía de Yahvé en los truenos y relámpagos.	*Cf. Salmo 50,3: «Fuego consumirá delante de él y tempestad poderosa lo rodeará».*
Éxodo 20,1-17: El Decálogo.	*Cf. Salmo 50,16-20: El séptimo, octavo y noveno mandamientos.*
Éxodo 24,3-8: Ratificación del pacto por sacrificio.	*Cf. Salmo 50,5: «Juntadme mis santos los que hicieron conmigo pacto con sacrificio».*

Así que se puede obtener una buena argumentación a favor de la idea de que el Salmo 50 representa una recreación cúltica de los eventos narrados en la perícopa del Sinaí, en Éxodo 19 a 24 y, como hemos visto, hay buenas razones para asociar esto con la Fiesta de los Tabernáculos.

No obstante, debemos añadir algunas llamadas de atención. En primer lugar, debe ser tenido en cuenta que mientras que Weiser piensa en términos de una ceremonia de renovación del pacto de carácter anual, Deuteronomio 31, 9 y ss. implica una ceremonia que se celebra cada siete años. Si previamente hubiera sido una ceremonia anual de renovación del pacto, el cambio a una ceremonia que se celebrase cada siete años podría haber llevado a una disminución del énfasis en la renovación del pacto, lo cual iría en contra del propósito del libro del Deuteronomio. (Mowinckel, no obstante, cree que, a causa de la longitud del Deuteronomio, su lectura fue repartida en un ciclo de siete años). Quizá, como defiende E. Kutsch, deberíamos pensar en una ceremonia de renovación del pacto celebrada cada siete años.

Una segunda nota de advertencia es que la ceremonia de renovación del pacto en la Fiesta de los Tabernáculos puede muy bien estar relacionada exclusivamente con un tiempo limitado del período pre-exílico tardío. Durante los últimos años se ha cuestionado duramente la opinión de que el pacto sea una forma de concebir la relación de Yahvé con Israel que data desde los tiempos de Moisés. Algunos eruditos tales como L. Perlitt creen que la teología del pacto fue una invención del deuteronomista en el siglo VII a. C. No obstante, esta opinión es un tanto extrema, porque ya existen referencias al pacto en la predicación del profeta del siglo VIII a. C. Oseas (Os. 6,7; 8,1). La teología deuteronomística del pacto, por lo tanto, representa una elaboración y una enfatización de algo que, por lo menos, puede datarse en el tiempo de Oseas y, probablemente en una época anterior. Si hubo una ceremonia de renovación del pacto durante la Fiesta de los Tabernáculos que abarcaba los Salmos 50 y 81 en el Israel pre-exílico, podría muy bien haber funcionado en la última parte del período monárquico. Es interesante que el Salmo 50 siga el patrón más temprano de J y E (las fuentes Yavista y Elohísta que se encuentran en Éx. 19-24), más que aquellas del Deuteronomio, por lo tanto, debe ser considerado como anterior al 621 a. de C.

Una tercera nota de advertencia es que durante el período post-exílico, la renovación del pacto parece haber estado asociada con la Fiesta de las Semanas (Pentecostés) más que con la Fiesta de los Tabernáculos. Esto se ve reflejado en las fechas proporcionadas por la fuente Sacerdotal (P), la más tardía, del Pentateuco (cf. Éx. 19,1) y también en el libro de los *Jubileos*, y en un festival de renovación del pacto que se realizaba en ese tiempo en Qumrán. La Fiesta de las Semanas también ha sido asociada con el pacto y la Ley en el judaísmo posterior.

La función del rey en el Festival de Otoño

Este punto será tratado en el próximo Capítulo, al hablar de los salmos reales. Para una estimación positiva de esto véase la sección sobre el Salmo 132 (bajo el epígrafe «Otros salmos para ocasiones especiales») en el Capítulo 6; y para una crítica de dos puntos de vista cuestionables véase las secciones finales sobre «el rey como un dios – la escuela del Mito y Ritual» y, especialmente, «la teoría de la humillación ritual del rey».

Lecturas adicionales

Para la clásica presentación de Mowinckel sobre el Festival de Otoño como un festival de la entronización de Yahvé:

MOWINCKEL, S. *Psalmenstudien, 2.*
MOWINCKEL, S. *The Psalms in Israel's Worship, 1*, pp. 106-92; y las notas de 2, 222-50, donde responde a las críticas.

En amplio acuerdo con Mowinckel:

DAY, J. *God's Conflict with the Dragon and the Sea: Echoes of a Canaanite Myth in the Old Testament*, capítulo 1, especialmente pp. 18-21; 35-37.

GRAY, J. *The Biblical Doctrine of the Reign of God*. T. & T. Clarck, Edimburgo, 1979, pp. 7-71.

HALPERN, B. *The Constitution of the Monarchy in Israel* (Harvard Semitic Monographs, 25), Chico: Scholar, 1981, pp. 51-109.

LIPINSKI, E. *La Royauté de Yahwé dans la poésie et le culte de l'ancien Israël*. Palais der Acadamiën, Brussels, 1968, segunda edición.

METTINGER, T. N. D. *In Search of God: The Meaning and Message of the Everlasting Names*. Fortress, Philadelphia, 1987, pp. 92-122.

Obras que relacionan la Fiesta de los Tabernáculos con el reinado de Yahvé, pero no con la entronización:

JEREMIAS, J. *Das Königtum gottes in den Psalmen* (FRLANT, 141), Vandenhoeck & Ruprecht, Göttingen, 1987.

JOHNSON, A. R. *Sacral Kingship in Ancient Israel*. University of Wales Press, Cardiff, 1967. Segunda edición.

KRAUS, H.-J. *Los salmos 1-59, 86-89*. (No obstante, Kraus consideró la Fiesta de los Tabernáculos en primer lugar como un Festival real de Sión. Véase arriba, y el Capítulo 6).

OLLENBURGER, B. C. *Zion, the City of the Great King: A Theological Symbol of the Jerusalem Cult* (JSOT Supplement Series, 41), JSOT, Sheffield, 1987, pp. 23-52.

Obras que rechazan el concepto del Festival de Otoño como un Festival del reinado de Yahvé o de entronización:

AALEN, S. *Die Begriffe «Licht' und «Finsternis' im Alten Testament, im Spätjudentum und im Rabbinismus* (Skrifter utgitt av det Norske Videnskape-Akademi i Oslo. II Hist-Filos. Kl., 1951, n°. 1), Dybwad, Oslo 1951, pp. 60-63.

CLINES, D. J. A. «New Year» en *The Interpreter's Dictionary of the Bible, Supplementary Volume. Abingdon, Nashville, 1976, pp. 627-28.*

DE VAUX, R. *Ancient Israel*. Longman & Todd, London: Darton, 1965, pp. 504-506. Segunda edición.

SNAITH, N. H. *The Jewish New Year Festival*. SPCK, London 1947, pp. 195-203.

Las siguientes obras en alemán son también importantes para la traducción de *Yahweh malak* y para la interpretación de los salmos de entronización:

GUNKEL, H. *Introducción a los salmos*. EDICEP, Valencia,1983.

KÖHLER, L. «Syntactica III. IV. Jahwäh malak», en *VT*, 1953, pp. 188-89.

KRAUS, H.-J. *Die Königsherrschaft Gottes im Alten Testament* (Beiträge zur historischen Theologie, 13), Mohr, Tübingen, 1951.

LORETZ, O. *Ugarit-Texte und Thronbesteigungspsalmen: Die metamorphose des Regenspenders Baal-Jahwe (Ps. 24,7-10; 29; 47; 93; 95-100 sowie Ps. 77,17-20; 114)* (Ugaritisch-Biblische Literatur, 7), Ugarit-Verlag, Münster, 1988.

MICHEL, D. «Studien zu den sogenannten Thronbesteigungspsalmen», en *VT 6*, 1956, pp. 40-68.

RIDDERBOS, J. «Jahwäh Malak», en *VT 4*, 1954, pp. 87-89.

ULRICHSEN, J. «Jhwh malak», en V*T 27*, pp. 361-74.

WELTEN, P. «Königsherrschaft Jahwes und Thronbesteigung. Bemerkungen zu unerledigten Fragen», en *VT 32*, 1982, pp. 297-310.

Sobre el Festival de Otoño como un Festival real de Sión:

KRAUS, H.-J. *Worship in Israel*. B. Blackwell, Oxford, 1966, pp. 183-88 (cf. 205-208).

Sobre el Festival de Otoño como un Festival de Renovación del Pacto:

MOWINCKEL, S. *Le Décalogue (Etudes d'histoire et de philosophie religieuses, 16)*. Faculté de théologie protestante, Université de Strasbourg, París, 1927, pp. 114-62.

WEISER, A. *The Psalms*, pp. 35-52.

Capítulo 6

LOS SALMOS REALES

¿Cuántos son los salmos reales?

Tradicionalmente, desde luego, se pensaba que la mayor parte del Salterio estaba formada por los salmos reales, puesto que un buen número de los encabezamientos de los salmos, en el texto hebreo, atribuyen 73 de ellos al rey David.

No obstante, no hay duda de que estos encabezamientos son adiciones posteriores al texto (ver el Capítulo 7). Para los eruditos más modernos, el número de los salmos reales es mucho más reducido. H. Gunkel identificó como salmos reales los siguientes Salmos: 2; 18; 20; 21; 45; 72; 89; 101; 110; 132 y 144,1-11 y esta muy citada lista se puede considerar como el mínimo irreductible aceptado por casi todos los estudiosos. En todos estos salmos se realizan claras referencias al rey.

Un pequeño grupo de eruditos, en su mayor parte escandinavos y británicos, han propuesto un número muy grande de salmos reales, y entre estos estudiosos podríamos citar a Birkeland, el Mowinckel de su última etapa y, más recientemente, a J. H. Eaton y S. J. L. Croft. Sin embargo, no existe un acuerdo entre ellos sobre el número de salmos reales adicionales que cada uno propone. De este modo, Eaton considera que los salmos con claro contenido real son los Salmos: 3-4; 9/10; 17; 22-23; 27-28; 35; 40-41; 57; 59; 61-63; 66; 69-71; 75; 91-92; 94; 108; 118; 138; 140 y 143, y como ejemplos menos claros cita los Salmos 5; 11;

16; 31; 36; 42/3; 51-52 y 54. De la misma manera, Croft incluye los siguientes salmos como salmos reales, que se añaden a la lista de mínimos de Gunkel: Salmos 3; 5; 7; 9/10; 16-17; 22; 23; 26-28; 31; 38; 40; 44; 55-57; 59-63; 66; 69-71; 92; 94; 116; 118 y 138-143. Muchos de estos salmos reales adicionales son «súplicas individuales», y en el Capítulo 2 ya hemos analizado los argumentos para considerar a estos salmos como reales, remitimos allí al lector para los detalles. Hemos reconocido que, además del mínimo irreductible de Gunkel, puede haber otros salmos reales. Esto parece especialmente posible cuando el narrador aparenta desempeñar una función de representación ante la nación, así como cuando los enemigos se identifican de manera clara como naciones extranjeras (cf. Sal. 9/10; 56 y 59). Aunque, incluso aquí, es difícil poder asegurarlo, porque otros individuos pudieron haber desempeñado, sin ninguna duda, un papel representativo; como en Lamentaciones 3, donde un individuo parece hablar en nombre de Judá cuando ya no había ningún rey en el trono. Otra súplica individual en la que hay un posible, aunque no es seguro, sujeto que puede ser el rey es el Salmo 3, donde se nos dice que los enemigos del salmista son «una gran multitud» (v. 6) No obstante, como hemos destacado anteriormente, la lengua utilizada en muchas de las súplicas individuales es de un carácter tan general y tan ambiguo que sólo podemos tener una pequeña confianza en que el «yo poético» sea el rey; y parece que se aplica a una amplia gama de situaciones de aflicción general. Además, donde poseemos detalles concretos, nos encontramos con que la imagen marcial que dibujan no es con frecuencia real, y hace referencia más a una violencia verbal que física, como en los Salmos 57,4 y 140,3.9; que tanto Eaton como Croft consideran reales; o bien la situación parece más una situación de enfermedad, en la que el salmista es reprendido por los israelitas locales, que una situación de guerra como en los Salmos 31; 35 y 69 (Eaton considera reales los Salmos 35 y 69, y Croft los Salmos 31 y 69).

Posiblemente, el argumento más débil utilizado tanto por Eaton como por Croft a la hora de considerar un salmo como real, es el llamado «estilo real». Por ejemplo, vamos a considerar un par de casos tomados de salmos que no son súplicas; no queda en absoluto claro el porqué de la referencia del salmista a Dios como «mi pastor» (Sal. 23,1) o «de mi herencia y de mi copa» (Sal. 16,5) haya de concluirse que es el rey el que habla. En el Antiguo Testamento queda claro que, además del rey, muchas otras personas se consideran en íntima comunión con Yahvé, por ejemplo, los profetas. Más aún, en el caso del Salmo 23 el verbo que se utiliza para la unción de la cabeza con aceite (dën) no es el que se utiliza en las otras referencias en relación con la unción de los reyes (mëÊ), aunque tanto Eaton como Croft defienden esto como otro rasgo de realeza.

Otro argumento que Eaton y Croft utilizan como evidencia para un amplio número de salmos reales es el encabezamiento $l^e d^a w \Delta d$ que aparece antepuesto en aproximadamente la mitad de los salmos en el texto hebreo. Ese encabezamiento significa, claramente, «de David» (ver el Capítulo 7) y se considera gene-ralmente como evidencia de una atribución de autoría aplicada a muchos de los salmos en época bastante tardía. Eaton y Croft no niegan que estos salmos no son de David, pero piensan que los encabezamientos pueden, de todas formas, proporcionar la evidencia de una conexión real para estos salmos. No obstante, éste es un argumento débil, porque los encabezamientos no sólo son tardíos, sino que, además, su consideración como una clara atribución de autoría davídica, tendría que ser reinterpretada. Más aún, tanto Eaton como Croft no consideran reales un cierto número de salmos que llevan este encabezamiento, mientras que otros que no lo llevan son considerados, a pesar de eso, como reales. Por lo tanto, la fiabilidad del encabezamiento como un indicador de realeza es cuestionable.

El rey en los salmos como rey pre-exílico

Tradicionalmente, a los salmos reales como los Salmos 2 y 110 se les ha dado una interpretación escatológica mesiánica. Ese tipo de interpretación puede encontrarse en el Nuevo Testamento (ver el Capítulo 8); pero el propio Nuevo Testamento fue construido dentro de la interpretación escatológica de estos salmos dentro del judaísmo. Los eruditos más modernos, no obstante, desde el nacimiento de la crítica bíblica en el siglo XIX, han rechazado esta opinión, considerando que el rey al que se refieren es aquél que está reinando en ese momento en Israel, aunque admiten que se habla de él utilizando un lenguaje idealizado. La razón para esto es que, en los salmos reales, el rey se presenta constantemente como alguien que está reinando ya, más que como alguien cuya entrada en escena se espera en el futuro. Aquellos que proponen un entendimiento puramente escatológico de los salmos reales son actualmente un número muy reducido entre los especialistas, aunque se incluye entre ellos a unos pocos autores franceses tales como R. Tournay. Otro punto de vista minoritario sostenido por un pequeño grupo de eruditos decimonónicos, y resucitado recientemente por J. Becker y O. Loretz, sostiene que estos salmos, en su forma final, son composiciones post-exílicas en las que el «rey» es un simple símbolo colectivo para la nación (sin embargo, Becker y Loretz a menudo encuentran auténtico material real pre-exílico subyacente). No obstante, esto entra en clara colisión con la lectura natural de estos salmos en relación con reyes particulares.

A fines del siglo XIX y comienzos del XX, cuando lo común era fechar la mayoría de los salmos como tardíos, los salmos reales fueron con frecuencia considerados como representativos de los gobernantes macabeos o asmoneos del siglo I o II a. C. Dejando a un lado al poco convencional erudito italiano M. Treves, este punto de vista no tiene ahora seguidores; y muchos especialistas hoy día, rechazan tanto esta interpretación como la escatológica, e interpretan los salmos reales en relación con los monarcas israelitas de época pre-exílica. Entre los argumentos que apoyan esta opinión se encuentran los siguientes. Primero, hay actualmente un acuerdo general en que el Salterio fue elaborado antes de la época de los Macabeos (cf. por ejemplo 1 Cr. 16,36, del siglo IV a. C., donde se cita el Salmo 106, junto con su doxología editorial conclusiva, v. 48). Los únicos reyes israelitas anteriores fueron aquellos de la época pre-exílica. Segundo, el nombre divino Yahvé es usado con libertad en los salmos reales; no obstante, en el tiempo de los asmoneos esto se había convertido en algo bastante raro a causa del carácter sagrado que se había dado al nombre de Yahvé, por lo tanto se vieron en la necesidad de buscar alternativas. Tercero, el Salmo 110,4 habla del rey como un «sacerdote para siempre según el orden de Melquisedec», es decir, el sacerdocio pre-israelita de los jebuseos de Salem (Jerusalén) en Génesis 14, y esa clase de fusión con la ideología real jebusea es mucho más fácil de explicar en los primeros momentos tras la conquista de Jerusalén por David. Cuarto, el Salmo 132 implica la existencia del Arca (v. 8), la cual no existía después del 586 a. C.

Las diferentes clases de salmos reales

Como ocurre con ciertos otros tipos de salmos, la denominación de «salmos reales» no se corresponde exactamente con una categoría crítico-formal, porque no existe una estructura típica que los caracterice y, entre ellos, se pueden encontrar diversas formas, por ejemplo «acciones de gracias individuales» (Sal. 18) o «súplicas» (Sal. 89). Más bien, lo que tenemos aquí es una clasificación basada en el contenido. En los salmos reales se presuponen varias situaciones, y ahora vamos a pasar a considerarlas.

Salmos de Coronación (Salmos 2 y 110)

Dentro del Salterio hay dos salmos que son aceptados generalmente como salmos de coronación, los Salmos 2 y 110. (los Sal. 72 y 101 pueden pertenecer también a este contexto, véase más abajo). Su localización en la coronación viene sugerida por los oráculos divinos que contienen para el rey: Salmo 2,7, «Yo publicaré el decreto: Yahvé me ha dicho: "Mi hijo eres tú; yo te engendré hoy"», y en el Salmo 110,1,4, «Yahvé dijo a mi Señor: "Siéntate a mi diestra, hasta que ponga a tus enemigos por estrado de tus pies"... Juró Yahvé y no se arrepentirá: "Tú eres sacerdote para siempre, según el orden de Melquisedec"».

En los libros de Reyes se nos ofrece una idea del procedimiento seguido en la coronación de los reyes israelitas en los casos de Salomón (1 R. 1,33 ss.) y Joás (2 R. 11). Estos textos indican que la ceremonia consistía en dos partes principales, la unción en el santuario y la entronización en el palacio real. Pueden encontrarse algunas coincidencias entre los Salmos de Coronación y los acontecimientos relatados en Reyes. Primero, 2 Reyes 11,12 afirma en relación con la coronación de Joás que Joiada, el sacerdote, «le puso la corona y el testimonio ('Âdõt)». No tenemos una certeza absoluta de cuál era el testimonio (o insignias reales)[1], pero es muy posible que esté relacionado con el «decreto» (ÊÜq) mencionado el Salmo 2,7 y ss., «Yo publicaré el decreto; Yahvé me ha dicho: "Mi hijo eres tú; yo te engendré hoy. Pídeme, y te daré por herencia las naciones y como posesión tuya los confines de la tierra. Los quebrantarás con vara de hierro; como vasija de alfarero los desmenuzarás"». Al parecer, aquí tenemos una alusión al documento que contenía la promesa de Yahvé al rey, encarnada en la alianza davídica. Otro punto de contacto entre los salmos de coronación y los sucesos de Reyes lo encontramos en el Salmo 110,7, donde leemos que el rey «Del arroyo beberá en el camino, por lo cual levantará la cabeza». Puede haber una referencia aquí a las corrientes del Gihón, donde Salomón fue ungido como rey según 1 Reyes 1,33 y ss., 38 y ss.

Un salmo de nupcias reales (el Salmo 45)

El Salmo 45 es el único del Salterio que es un salmo de nupcias reales. El contrayente real es descrito en los versículos 2-9 y la novia en los versículos 10-15. No puede dudarse que el salmo estaba destinado a la boda de un rey israelita. La interpretación mesiánica tradicional, que entendía que el rey era el Mesías que había de venir y que Israel era la novia, resulta inadecuada, porque en el salmo se habla de un novio y una novia que estaban presentes en aquel momento, y no hay nada que sugiera que lo último sea un simple símbolo alegórico. No obstante, ésta fue sin duda la interpretación que del salmo realizaron sus canonizadores (cf. el *Targum* arameo, Hebreos 1,8 y ss., y en nuestros propios días, algunos estudiosos católicos como R. Tournay). La opinión de G.

---

1 N. del T.: Esta otra traducción, quizá algo más clarificadora está tomada de la *Biblia del Peregrino*, versión realizada por Luis Alonso Schökel.

Widengren y otros de que el salmo describe un matrimonio sagrado es también gratuita, como lo es la afirmación de T. H. Gaster de que el «rey» y la «reina» son simples símbolos de los israelitas comunes, como se ha supuesto en algunas ocasiones que era el caso del *Cantar de los Cantares* (es mucho más probable que el *Cantar de los Cantares* sea una descripción post-exílica del amor entre Salomón y una de sus esposas extranjeras).

Los estudiosos más modernos han aceptado, de manera correcta, que el salmo describe el matrimonio de un rey israelita. Es imposible relacionarlo con un rey concreto; de hecho, fue empleado, sin duda, con regularidad en las ceremonias nupciales reales. La opinión que defiende el origen norteño del salmo está basada en una errónea interpretación del versículo 12, porque «la hija de Tiro[2]» allí mencionada no parece que sea la novia del rey (lo cual podría apuntar a Ahab o a cualquier otro de los reyes norteños); la frase hace más bien referencia al pueblo de Tiro (por analogía con expresiones del tipo de «hija de Sión»). Para la discutida cuestión de si el rey es considerado un dios en el versículo 6, véase más abajo.

Salmos de batalla real (Salmos 18, 20, 89, 144, etc.)

El rey era la cabeza de las fuerzas armadas; y, en el mundo antiguo, se confiaba en la ayuda divina para la batalla. De acuerdo con esto, no nos sorprende encontrar que un cierto número de salmos reales tengan un contexto bélico. Los Salmos 20 y 144 son oraciones a Yahvé pidiéndole ayuda antes de la batalla, y si «salmos de súplica individual» tales como el 3, 9/10, 56 y 59 son también salmos reales, éste podría ser el contexto para ellos también (cf. el gran número de los enemigos en el Sal. 3,6, y la identificación de los enemigos como extranjeros en los Sal. 9.5.8.15.17.19; 10,16; 56,7 y 59,5.8; donde se aportan algunas evidencias para la interpretación como reales de estos salmos en concreto). La

---

2 N. del T.: La Reina-Valera traduce «hijas de Tiro». La Biblia de Jerusalén traduce al igual que el autor «hija de Tiro», en otras versiones se la menciona como representación de su ciudad, también en singular.

lengua empleada en estos salmos es lo suficientemente ambigua y general como para sugerir que fueron usados repetidamente en situaciones de guerra y que, probablemente, no reflejan una circunstancia histórica concreta. Es interesante ver cómo 2 Crónicas 20 describe, de hecho, el contexto en que estos salmos habrían sido utilizados, porque allí podemos leer que, enfrentados a una invasión de los moabitas, amonitas y meunitas, el rey Josafat proclamó un ayuno; y en los versículos 6-12 tenemos la oración a Yahvé pidiendo la liberación que él ofreció en el templo de Jerusalén.

Es bastante sorprendente que se haya encontrado un texto que tiene relación con el Salmo 20, escrito con caracteres demóticos egipcios pero en lengua aramea: el Papiro 63 de Amherst. Este texto demótico arameo ha sido datado entre el siglo II y el IV a. C. y parece ser una versión pagana del Salmo 20. No obstante, del texto demótico arameo han desaparecido todos los rasgos reales. Loretz ha intentado demostrar que es el salmo bíblico el que depende del texto arameo; y sostiene que los elementos reales son, en apariencia, adiciones de época post-exílica con las cuales se quiere representar, a través de la figura real, a toda la nación de Israel, de la misma manera en la que él ve otros salmos de los llamados reales como salmos colectivos en realidad. Esto, no obstante, es muy improbable. El Salmo 20 se entiende de manera más natural en relación con un rey israelita de la época pre-exílica.

Un salmo que parece ser un salmo de acción de gracias real por la victoria en la guerra es el Salmo 18, una variante del cual la podemos encontrar en 2 Samuel 22. En ambos casos, el encabezamiento atribuye el salmo a David «en el día en que el Señor lo libró de la mano de sus enemigos y de la mano de Saúl». No obstante, hay un acuerdo general en considerar que ésta es una evidencia de su interpretación tardía más que de su significado original, porque carece de detalles concretos y precisos que puedan garantizar tal adscripción. No obstante, esta interpretación obliga a atrasarlo al menos al fin del siglo VII o al VI a. C., en vista de su presencia en 2 Samuel 22,1 como parte de la historia deuteronómica, y un cierto número de eruditos afirma que el salmo es, tomando como base su lengua, antiguo. La ambigüedad del lenguaje sugiere que fue usado repetidamente en situaciones de guerra (para la teoría de su utilización como un ritual de humillación del rey en la Fiesta de los Tabernáculos, véase más abajo). El salmo presenta un cierto número de concomitancias con el salmo de súplica real, Salmo 144, arriba citado, y puede muy bien haber influido en él. El Salmo 89 se puede dividir en tres secciones principales. La primera sección (vv. 1-18) es de naturaleza hímnica, en ella se exalta la alianza que Yahvé había prometido a David, su poder creador, etc. En la segunda sección (vv. 19-37) se alude con una cierta amplitud a un oráculo divino (probablemente el oráculo de Natán, 2 S. 7) en el cual se promete a David que sus descendientes reinarán para siempre, aunque se impone una claúsula que fija el castigo divino en caso de desobediencia. La tercera sección (vv. 38-51) es un dolorido lamento, en el que Yahvé es acusado de haber roto su promesa a David, porque el rey había sido derrotado en la batalla y aparentemente había muerto, y se vierte una oración pidiendo la intervención de Yahvé y la liberación. Aunque algunos han supuesto que este salmo está compuesto por dos o tres poemas independientes, en su forma actual es, ciertamente, un salmo bien construido, una unidad total. Parece que lo más posible es que sea un poema procedente de la época del exilio en Babilonia en el siglo VI a. C., por eso podría unirse con el sentimiento teleológico y con el rechazo absoluto del pacto davídico que el salmo transmite, aunque la muerte del rey Josías en combate en el 609 a. C. y la deportación del rey Jehoiachin en el 597 a. C. han sido sugeridas también como posibles circunstancias de-sencadenantes. El Salmo 89 parece estar relacionado con el fi-nal de la monarquía davídica en el 586 a. C. de la misma manera en que los Salmos 74 y 79 lo están con la destrucción del templo de Jerusalén en el mismo año (véase más abajo, para una crítica de la opinión según la cual el Salmo 89 describe el ritual de humillación de un rey).

Otros salmos para ocasiones especiales (Salmos 101; 72; 21 y 132)

El Salmo 101 propone el modelo del alto ideal que debía carac-terizar el gobierno de un rey. Que el sujeto es el rey queda claro en el versículo 8. Hay alguna discusión sobre si el salmo describe el tipo de gobierno que el rey solía ejercer o si representa un juramento que dibujaría la naturaleza deseada del futuro gobierno del rey. El imperfecto o el futuro perfecto de los verbos sugieren la última posibilidad. Como tal es apropiado para el servicio de coronación, aunque posiblemente fue recitado también en otras ocasiones. El ritmo suplicante del salmo (el metro *qînâ*) y la súplica del rey a Dios en el versículo 2, «Cuando vengas a mí», puede indicar que el salmo constituye el juramento que el rey hace durante el transcurso de un rito penitencial en el momento de su coronación y que, posiblemente, es renovado en la Fiesta de los Tabernáculos. La confesión negativa realizada por el rey de Babilonia en el transcurso del Festival babilónico de Año Nuevo es una referencia posible, pero no una analogía cierta (véase más abajo, para una crítica de la teoría según la cual el Salmo 101 tiene su contexto en un ritual guerrero).

El Salmo 72 presenta un cuadro idílico del gobierno del rey, centrado en su disposición de justicia social para los pobres y oprimidos, la extensión universal de su dominio, y el carácter general de prosperidad o bienestar que prevalece. Posiblemente, tenga su lugar en la ceremonia de coronación.

El Salmo 21 es un salmo real cuyo contexto vital no está enteramente claro. En ocasiones ha sido interpretado como un salmo de acción de gracias por la victoria en la batalla. No obstante, mientras que los versículos 1-7 tienen algo del carácter de la acción de gracias, el contenido parece más bien ambiguo y general y no hace referencia a ninguna batalla, y los versículos 8-13 presuponen una victoria sobre los enemigos pero como algo que tiene que ocurrir, todavía, en el futuro. Por eso, algunos eruditos han entendido el Salmo 21 como un salmo que se recitaba *antes* de la batalla, como el Salmo 20; pero esta explicación también resulta insatisfactoria a la luz de la primera mitad del salmo. El versículo 3 hace referencia a la colocación de una corona de oro fino sobre la cabeza del rey, lo que ha llevado a otros a ver este salmo como un salmo de coronación. Por otro lado, el resto del salmo no sugiere el contexto de una coronación. Posiblemente el salmo era cantado en el aniversario de la coronación del rey.

El Salmo 132 es un salmo muy interesante que se centra en dos temas principales como también sucede en 2 Samuel 6-7. En 2 Samuel 6 leemos cómo David hizo subir el Arca de la Alianza, el símbolo de la presencia de Yahvé, a Jerusalén, y este acontecimiento es recordado en el Salmo 132,1-10, mientras que la presencia divina en Sión es reafirmada en los versículos 13-16. 2 Samuel 7 contiene el importante oráculo divino anunciado por el profeta Natán, en el que se declara que la descendencia de David reinará para siempre, aunque se entiende como necesaria la obediencia por su parte. Este pacto davídico es recordado en el Salmo 132,11-12.17-18. Puede parecer que el Salmo 132 representa la reactivación cúltica de estos dos importantes elementos de la fe real de Sión en la época pre-exílica. Dado que Salomón introdujo el Arca en el Templo en el momento de la Fiesta de los Tabernáculos en 1 Reyes 8, y dado que existen evidencias en otras partes del Salterio de una conexión entre una procesión con el Arca y el reinado de Yahvé, que posteriormente fue asociado con la Fiesta de los Tabernáculos (ver arriba, Capítulo 5), existen motivos para creer que el Salmo 132 refleja elementos cúlticos de la Fiesta de los Tabernáculos. En la versión de Crónicas de los acontecimientos narrados en 1 Reyes 8, se cita, de hecho, parte del Salmo 132 (2 Cr. 6,41-42; cf. Sal. 132,8-10).

El papel religioso del rey en los salmos

Un cuadro idílico

Como ya ha quedado demostrado, aunque originalmente relacionados con los monarcas israelitas pre-exílicos, los salmos reales describen al rey utilizando un lenguaje idealizado, por ejemplo, se le promete un gobierno universal y que reinará de una manera completamente justa y conforme al derecho. Esto es un reflejo del tradicional estilo cortesano del antiguo Oriente y está documentado también para Egipto y Mesopotamia. Resulta claro que aquí se están sentado las bases de un ideal regio que no fue alcanzado en la realidad. Se puede comparar el deseo expresado en los servicios de coronación de los monarcas británicos, «¡Larga vida al rey!», «¡Que el rey viva para siempre!». Lo cierto es que el fracaso de los monarcas israelitas en su totalidad a la hora de dar vida al ideal expresado en los salmos, fue lo que produjo la escatologización de las imágenes. Esto fue lo que ocurrió de manera clara después del exilio, cuando ya no había ningún descendiente de David en el trono sobre el cual pudieran recaer las esperanzas expresadas en los salmos, pero pudiera ser que, al menos algunos israelitas, ya imaginaran un futuro gobernante ideal antes del exilio: Isaías 9,2-7 puede ser un reflejo de esto, a menos que se refiera a un rey israelita concreto como Ezequías. La imaginería utilizada para referirse al futuro Mesías puede ser trazada punto por punto como un regreso a la ideología real de los salmos, por ejemplo, la descripción del Mesías como un gobernante justo y recto (Is. 11,3-5; cf. Sal. 72,1-4), reinando sobre todo el mundo (Zac. 9,10; cf. Sal. 72,8-11), y que desciende de David (Mi. 5,2; cf. Sal. 89,49).

Ahora vamos a estudiar algunas expresiones que el Salterio utiliza para describir el *status* religioso del rey.

La unción del Señor

En su utilización post-bíblica y cristiana, el término Mesías se ha utilizado para referirse a un rey escatológico. La palabra que significa «ungido», es traducida al griego como *Christos*, de donde deriva nuestra palabra «Cristo». No obstante, mientras que el Antiguo Testamento conoce la idea de un rey escatológico que ha de venir, el término Mesías (en hebreo *māĕΔaÊ*) no se utiliza nunca para referirse a esa figura en él, aunque la expresión se utilizaba, por supuesto, por los judíos con ese significado. A pesar de ello, la expresión se encuentra en los salmos, y allí es usada sin ninguna duda para referirse al monarca de la dinastía de David que estaba reinando (cf. Sal. 2,2; 18,50 = 2 S. 22,51; 20,6; 89,38,51 y 132,10,17).

Parece que esta expresión se utiliza con referencia al hecho de que el rey era ungido con aceite en el momento de su coronación. En el Antiguo Testamento encontramos abundantes referencias a la unción de los reyes israelitas, por ejemplo Saúl, David y Salomón (1 S. 10,1; 16,3; 1 R. 1,39) y, en conexión con David, se nos cuenta que el Espíritu de Yahvé descendió sobre él en el momento de su unción (1 S. 6,13). Parece que la unción era un acto de consagración, que situaba al rey aparte, como una persona sagrada (cf. 1 S. 24,6 y 26,11). Esto se hace explícito por medio de las referencias a la unción del Sumo Sacerdote en el período post-exílico (cf. Lv. 8,12). Es muy posible que éste fuera uno de los numerosos rasgos que los Sumos Sacerdotes post-exílicos habían heredado asociados ya anteriormente con la monarquía pre-exílica, otro sería el tocado[3].

No obstante, E. Kutsch afirma que los reyes israelitas eran llamados «los ungidos del Señor» en un sentido traslaticio, como el rey persa, Ciro, en Isaías 45,1, y no a causa del hecho de haber sido ungidos con aceite. No obstante, en relación con la expresión «el ungido del Señor», se entendería con menos esfuerzo si fuera la prolongación de un sentido literal, aunque Isaías 45,1 la utilice probablemente en un sentido traslaticio. Más aún, el hecho de que Kutsch acepte que los reyes eran ungidos en el momento de su coronación, hace que resulte más natural suponer que las alusiones al «ungido del Señor» hagan referencia a este evento.

Es muy probable que Israel adoptase la unción de los pueblos cananeos que tenía alrededor, los cuales poseían una tradición de muchos reinos de ciudades-estado. La fábula de Jotam da a entender la unción cananea de los reyes en Jueces 9,8, 15, y a la preparación de los ungüentos para la unción del dios cananeo que podría ser el sucesor de Baal, Atar, aludido probablemente en los textos ugaríticos (cf. J. A. Emerton, «Ugaritic notes», en *JTS* 16 n.s., 1965, pp. 441 y ss.). En ocasiones se ha considerado que la práctica cananea de la unción de los reyes deriva de la práctica de los hititas o de los egipcios, los primeros de los cuales ungían a sus reyes, mientras que los últimos ungían a sus altos cargos públicos y a sus vasallos sirios. No obstante, dado que sabemos que la unción regia ya era practicada en Ebla (Siria) en el tercer milenio a. C., estas hipótesis pueden, muy bien, ser innecesarias.

---

3 N. del T.: El «tocado» es una prenda que se utiliza para cubrir la cabeza del Sumo Sacerdote. Era, básicamente, una especie de turbante fabricado con lino. La palabra hebrea no permite diferenciar entre turbante, tiara y diadema.

El rey como hijo de Dios

Como ya hemos dicho más arriba, en Egipto el faraón era considerado el hijo del dios Ra, es decir, él era realmente un dios (la encarnación de Horus). De forma similar, en el mundo cananeo, en Ugarit, el rey Keret es considerado el hijo divino del dios El. Es por lo tanto interesante que en los salmos (y en otros lugares del Antiguo Testamento) el rey de Israel sea también llamado «el hijo de Dios». Esta terminología está tomada con claridad por parte de Israel del entorno del antiguo Oriente, quizá de Canaán.

El ejemplo mejor conocido está en el Salmo 2,7, que forma parte de un salmo que se cantaba en la coronación del rey. Allí, el rey declara «Yo publicaré el decreto; Yahvé me ha dicho: "Mi hijo eres tú; yo te engendré hoy..."». Parece haber también alusiones crípticas a la filiación del rey en el otro salmo de coronación, Salmo 110,3. De nuevo, con más claridad, en el Salmo 89,26-27, Yahvé afirma sobre el rey davídico, «Él clamará a mí diciendo: "Mi padre eres tú, mi Dios, y la roca de mi salvación". Yo también lo pondré por primogénito, el más excelso de los reyes de la tierra». En este último pasaje resuena el oráculo de Natán a David en 2 Samuel 7,14, donde Yahvé le promete «Yo seré padre para él, y él será hijo para mí».

No obstante, aunque esta denominación del rey como «el hijo de Dios» esté tomada por parte de Israel del entorno del antiguo Oriente, ha sufrido una clara transformación. El rey ya no es literalmente un dios, sino más bien es concebido como un hijo adoptivo de Dios. Eso queda claro por la utilización de la palabra «hoy», en el Salmo 2,7: el rey no es por naturaleza hijo de Dios, es decir, desde el día de su nacimiento, sino que más bien lo que ocurre es que Dios decide considerarle como tal desde el día de su coronación. Algunos especialistas han cuestionado la utilización del término «adopción» en este contexto, pero esto parece ser lo que tenían en mente. Puede compararse con el babilónico *Código de Hammurabi*, donde aparece estipulado que cuando alguien adopta a una persona, tiene que decirle «Tú eres mi hijo».

El rey como sacerdote según el orden de Melquisedec

En el Salmo 110,4 leemos las siguientes palabras con relación al rey: «Juró Yahvé y no se arrepentirá: "Tú eres sacerdote según el orden de Melquisedec"». Éste es el único lugar del Salterio en el que el rey es llamado, de manera explícita, sacerdote. Aquí debe hacer referencia al rey, porque es al rey al que se dirige el resto del salmo. Más aún, en Génesis 14 se menciona a Melquisedec como el sacerdote *y* rey jebusita de la Jerusalén pre-israelita (Salem), por lo tanto se trata claramente de un sacerdocio real que es hereditario. Esto significa que debemos rechazar el punto de vista de H. H. Rowley, que sostiene que el Salmo 110,4 está dirigido al sacerdote (Zadoc) en lugar de al rey davídico. Aquí tenemos la evidencia de la fusión de las ideologías regias jebusitas e israelitas, y esto puede entenderse mucho más fácilmente si suponemos que ocurrió inmediatamente después de la conquista por parte de David de la ciudad jebusita de Jerusalén.

Algunos estudiosos han negado que los reyes israelitas fueran considerados como sacerdotes, pero estos versículos indican, de manera clara, que eso era así. A ésta podemos añadir la evidencia procedente de los libros históricos. Así, en 2 Samuel 6, cuando el rey David subió el Arca, el símbolo de la presencia de Dios, a Jerusalén, leemos que él iba «vestido con un *efod* de lino». El efod, una especie de sobrepelliz, era una vestidura específicamente sacerdotal (1 S. 22,18; cf. 1 S. 2,18; contrasta con el último *efod* mucho más elaborado del Sumo Sacerdote de Éx. 28). En otras ocasiones vemos a los reyes ofreciendo sacrificios –una función específicamente sacerdotal– como se menciona en relación con Saúl, David, Salomón, Jeroboam, y Acaz (1 S. 13,9; 2 S. 6,17-19; 1 R. 3,4; 8,5.62-64; 9,25; 13,1; 2 R. 16,12-16). Se podría objetar que, en algunas ocasiones, esto podría no significar nada más que eso, que el rey tenía ofrecidos sacrificios, más bien que él mismo los hubiera realizado; pero no todos los textos citados pueden ser interpretados de esa manera (cf. 2 Reyes 16,12-13, donde se afirma que «Cuando el rey llegó de Damasco y vio el altar, se acercó y ofreció sacrificios en él; encendió su holocausto y su ofrenda, derramó sus libaciones y esparció la sangre de sus sacrificios de paz junto al altar»). También nos encontramos con

David y Salomón bendiciendo a la gente en el santuario (2 S. 6,18 y 1 R. 8,14), una prerrogativa que estaba reservada a los sacerdotes según Números 6,22-27 y 1 Crónicas 23,13. Finalmente, vemos la jefatura del rey sobre la religión del Estado en la reforma del culto efectuada, por ejemplo, por los reyes Ezequías y Josías (2 R. 18,4 y 23,1-25).

No obstante, con todo lo que sabemos parece claro que el rey no oficiaba como un sacerdote todos los días en el santuario; ese era, más bien, el trabajo de los sacerdotes ordinarios. El rey era, sin ninguna duda, un rey de una clase especial: era un sacerdote según el orden de Melquisedec.

Dos puntos de vista cuestionables sobre el papel religioso del rey

El rey como Dios – el Mito y la Escuela Ritual

Tanto el así llamado Mito como la Escuela Ritual tienen su figura central en el erudito británico S. H. Hooke –aunque él negó que fuera una «escuela»– y un grupo de eruditos escandinavos, tales como I. Engnell, G. Widengren y G. W. Ahlström centrados especialmente en torno a Upsala en Suecia, pero no se limitaron a ella y probablemente no formaron estrictamente una «escuela», propusieron a comienzos del siglo XX un cierto número de puntos de vista relacionados con la función del rey en el culto y, especialmente, en la Fiesta de los Tabernáculos. Estas opiniones estaban basadas en la creencia de un patrón ritual común para todos esos países del antiguo Oriente. Común a todos estos estudiosos era la creencia que el rey, en el antiguo Israel, era considerado literalmente como un dios, que desempeñó el papel de un dios en el culto durante la Fiesta de los Tabernáculos (generalmente Yahvé, aunque Ahlström pensaba más bien que se trataba de un dios llamado Dod); que el dios era un dios que moría y resucitaba, esta secuencia de eventos eran ritualmente representados por el rey, y que había un matrimonio sagrado entre el dios y la diosa, también representado ritualmente por el rey.

El problema con estos puntos de vista es doble: primero, el soporte bíblico sobre el que se apoyan, si es que existe, es mínimo;

y, en segundo lugar, la existencia de un patrón ritual común a todo el antiguo Oriente es dudosa. Por lo tanto, estas teorías no cuentan con casi ningún seguidor entre los eruditos modernos. Así, por ejemplo, en relación con el mencionado patrón ritual común, era generalmente admitido que había evidencias de la muerte y resurrección de Marduk en el festival de Año Nuevo en Babilonia, pero W. von Soden demostró en 1955 que eso no era así. Más bien, el texto al cual se apela para mantener esa postura no tiene nada que ver con el Festival de Año Nuevo y era más bien un fragmento de propaganda política. También, ahora parece claro, según W. G. Lambert, que la representación de un matrimonio sagrado en el Festival babilónico de Año Nuevo es dudosa.

En relación con el reinado, se ha señalado que debemos distinguir con mucho cuidado entre las diferentes culturas del antiguo Oriente. Tal y como ha señalado H. Frankfort, en su libro *Kingship and the Gods* (1948), no existe un modelo único. El rey era considerado en Egipto, de hecho, como un dios: el hijo de Ra, la encarnación de Horus, y era asimilado a Osiris después de su muerte. Por otra parte, en Mesopotamia, el rey fue considerado un dios, sólo hasta el 2000 a. C. (simbolizado por medio de un tocado en forma de cuerno). Entre los hititas, los reyes eran deificados después de su muerte, pero no antes. Para los cananeos tenemos las evidencias procedentes del poema épico ugarítico, Keret, según el cual el rey era considerado un dios, un hijo del dios supremo El. «¿Mueren los dioses?», pregunta el hijo de Keret cuando su padre está enfermo (cf. Gibson, 95).

No obstante, en el Antiguo Testamento es difícil encontrar ninguna evidencia real de la deificación del rey. El rey es claramente una figura humana, un siervo de Yahvé. Si los reyes de Israel han sido considerados realmente como divinos, es sorprendente que ninguno de los profetas criticase esto en sus denuncias. Los profetas a menudo criticaron a los reyes de Israel por diversas malas acciones, pero nunca porque se proclamasen dioses. En cambio, los reyes extranjeros son condenados en dos ocasiones a causa de su pretensión de divinidad, a saber en Isaías 14,12-15 y Ezequiel 28,1 y ss. Más aún, el rey del reino israelita del Norte niega, de forma explícita, que posea un carácter divino en 2 Reyes 5,7: «¿Acaso soy yo Dios, (o un dios) que da vida y la quita, para que éste me envíe a un hombre a que lo sane de su lepra?'.

No hay trazas en ningún lugar del Antiguo Testamento de que se haya ofrecido ningún tipo de adoración al rey; más bien, el pueblo rogaba a Dios en favor del rey (Sal. 20,1-5 y 72,15). Mientras puede afirmarse que ningún rastro de adoración regia ha sido censurado en los salmos, si hubiera existido algún tipo de adoración al rey podríamos esperar haber encontrado alguna indicación en los libros históricos o los profetas, porque ellos no se contuvieron a la hora de condenar las múltiples idolatrías de Israel. En tercer lugar, como ya se ha dicho anteriormente, el rey de Israel era considerado «hijo de dios *por adopción*» (Sal. 2,7) desde el momento de su coronación, y, por lo tanto, no era de naturaleza divina.

Existen buenos argumentos, de hecho, para sostener que el rey de Israel no era considerado como un dios. No obstante, hay un versículo en los salmos que puede hacer referencia al rey como '^{e}lÜhΔm, literalmente, «dios». Este se encuentra en el v. 6 del Salmo 45, un salmo de nupcias reales. En la traducción más natural del hebreo, el rey es apostrofado con las siguientes palabras: «Tu trono, Dios, es eterno, y para siempre; cetro de justicia es el cetro de tu reino». De hecho, tanto la traducción griega de los Setenta como Hebreos 1,8 que lo continúa en el Nuevo Testamento, entendieron '^{e}lÜhΔm como un vocativo, «Oh Dios», para dirigirse al rey. ¿Cómo podemos encontrar el sentido de esto? Hay dos líneas generales de interpretación de este versículo, la primera de las cuales sostiene que el rey es llamado aquí, de hecho, «dios» (ya sea literal o hiperbólicamente), mientras que la segunda rodea el problema tratando de traducir el versículo de una forma diferente. Vamos a estudiar ahora las diferentes posibilidades.

A favor del último tipo de interpretación, se afirma que éste es un pasaje único en el Antiguo Testamento si el rey es considerado en él como un dios. Se señala que deberíamos traducir el texto hebreo como «Tu reinado es eterno como el de Dios», entendiendo que la palabra para «como» (k) ha sido omitida, quizá por razones de eufonía, puesto que la palabra traducida como «tu reino» (*kis '^{a}k^a*) ya contiene dos veces el sonido /k/. Un grupo de eruditos, entre los cuales se encuentra C. R. North, lo han comparado con el Cantar de los Cantares, donde en 1,15 el hombre dice a la mujer, «tus ojos son palomas» (*'Ânayik yÛnΔm*), en contraste con 5,12, donde la mujer dice del hombre, «sus ojos son como palomas (u ojos de palomas)» (*'Ân^{a}yÛ k^{e}yÛnΔm*). De manera alternativa, se ha sugerido que podría traducirse el pasaje del Salmo 45 como «Tu trono es de Dios para siempre», lo que podría igualmente evitar llamar dios al rey. Cualquiera de estas traducciones podría corresponderse con la idea que encontramos en 1 Crónicas 28,5, donde se dice que Salomón se sentó «como rey en el trono de Yahvé» (cf. 1 Cr. 29,23).

Aunque todo esto es posible, debe admitirse que la manera más natural de interpretar *'^{e}lÜhΔm* en el Salmo 45,6 es como un vocativo, de ahí «Tu Trono, Dios, es eterno y para siempre». Algo que, además, inclina a uno a esta interpretación es el hecho que Isaías 9,6 se refiere al rey escatológico ideal de manera similar como «dios poderoso» (*'Âl gibbôr*). Algunos especialistas rechazan esta conclusión al suponer que *el gibbôr* puede traducirse «dios de un héroe», «dios» sobreentendiéndose como un superlativo de «poderoso», de aquí llegamos a «héroe poderoso». No obstante, contra esto se levanta el hecho de que en todos los otros ejemplos de *'Âl gibbôr* o *h^a 'Âl haggibbôr* en el Antiguo Testamento el significado es claramente «(el) Dios poderoso» (Is. 10,21; Dt. 10,17; Neh. 9,32 y Jer. 32,18). Sin embargo, ni el Salmo 45,6 ni Isaías 9,6 tienen por qué implicar que el rey fuera verdaderamente considerado de forma literal como un dios, lo cual parecería ser contrario, como hemos visto, a la opinión del Antiguo Testamento sobre el rey. Es posible que aquí tengamos ejemplos de hipérbole o de estilo cortesano, los cuales, aunque deriven en última instancia de las nociones cananeas sobre el reinado divino, ya no eran tomados literalmente. Debiéramos tener en mente también que la palabra *'^{e}lÜhΔm* se utiliza en otros lugares del Antiguo Testamento para referirse a seres que no eran literalmente dioses, pero que sin duda habían sido considerados como tales en las etapas más tempranas, a saber: los espíritus (1 S. 28,13 e Is. 8,19). De manera similar, con el crecimiento del monoteísmo absoluto, cuando los dioses fueron degradados al estado de ángeles, continuaron siendo llamados *'^{e}lÜhΔm*. Esta palabra, tanto en el

Salmo 45 como en Isaías 9 podía, por lo tanto, haber llegado a significar algo así como «superhombre». Es interesante que, tanto en el Salmo 45 como en Isaías 9 el contexto es el del rey visto como un guerrero, algo a lo que los estudiosos hasta la fecha no han prestado atención. Puede ser, por ello, que tanto el Salmo 45 como Isaías 9, tenga en mente, de manera especial, el poder sobrehumano del rey como guerrero.

De cualquier forma, sea cual sea la opinión que adoptemos sobre este controvertido versículo, queda claro que es insuficiente para llevar todo el peso de la noción de reinado divino.

La teoría de la Humillación Ritual del rey

A. R. Johnson, seguido por J. H. Eaton y un cierto número de eruditos escandinavos, proponen una importante función para el rey en el Festival de Otoño (como hizo la escuela de Upsala), pero sin suponer que el rey era considerado como un dios que desempeñaba el papel de un Yahvé que moría y resucitaba o se comprometía en un matrimonio sagrado. Su posición es más moderada e intentan construir sobre la evidencia que proporciona el propio texto bíblico, en lugar de importar nociones extrañas, ajenas a Israel. No obstante, esto incluye una reconstrucción imaginativa en sus postulados del sufrimiento ritual y justificación del rey durante el transcurso del Festival.

Basándose en salmos tales como los Salmos 2; 18; 89; 101; 110 y 118, Johnson postuló la existencia de un drama ritual en el cual las naciones de la tierra, que representaban a las fuerzas de la oscuridad y de la muerte que se oponían a Yahvé, se unían en el esfuerzo de destruir al pueblo elegido de Yahvé mediante el asesinato del rey davídico de quien dependía la supervivencia del pueblo. En un principio, al rey se le permitía sufrir la derrota y, como resultado, casi era sumergido en las aguas del trasmundo, pero, en el último momento, tras una súplica de lealtad al pacto davídico y un reconocimiento de su dependencia final de Yahvé, era liberado y repuesto en su oficio. Así, la prosperidad de la nación, de la que el rey era directamente responsable, estaba asegurada durante otro año.

El argumento de Johnson es cuidadosamente discutido. No obstante, la mayoría de los eruditos miran con escepticismo su reconstrucción, porque no tenemos ninguna representación clara del ritual propuesto en ninguno los salmos, y es también posible sugerir explicaciones alternativas para los salmos que han sido objeto de discusión aquí.

Así, el Salmo 89 indica la descripción de algún desastre histórico importante que ha vencido a la monarquía davídica (muy posiblemente el final del Reino del Sur en 586 a. C.), y no hay ninguna indicación de que vaya a producirse una liberación inminente. Esto hace que la explicación del salmo como parte del ritual de sufrimiento real y de justificación sea menos probable.

De nuevo, aunque el Salmo 118 retrata un proceso de sufrimiento y justificación nacional, es posible que sea de todos modos de época post-exílica en su presente forma, porque el versículo 3 hace referencia a «la casa de Aarón» lo cual tiene más sentido como una referencia a los sacerdotes post-exilicos, conocidos como «los hijos de Aarón» (en la época pre-exílica los sacerdotes eran los levitas). En relación con el Salmo 101, Johnson y sus seguidores sostenían que era una apelación del rey tomando como base su rectitud ética a favor de la liberación a través de Yahvé en el transcurso de la batalla ritual. Es cierto que el salmo está elaborado en el característico metro de la súplica, al cual se adhieren las palabras del versículo 2, «¿Cuándo vendrás a mí?»[4]. No obstante, debe ser señalado que el salmo no hace referencia a la batalla, lo cual podría ser sorprendente si éste fuera el contexto al cual estaba destinado. Más aún, debe observarse que la confesión de inocencia que el rey de Babilonia hacía durante el desarrollo del Festival de Año Nuevo cuando el reinado era renovado, el cual ha sido comparado con el Salmo 101, no está situado en un contexto bélico. Así, los Salmos 2 y 110 tampoco hablan de la humillación del rey. En cambio, esto no sirve para el Salmo 18, que ciertamente describe una secuencia de la humillación y justificación real, pero parece peligroso reconstruir una ceremonia ritual anual

---

4 N. del T.: La Reina-Valera lo traduce como una afirmación: «Cuando vengas a mí».

sobre la base de este salmo, cuando es posible que esté aludiendo a otra situación del rey durante una batalla concreta. Eaton ha ido más allá que Johnson a la hora de relacionar un cierto número de otros salmos con la batalla ritual además de aquellos arriba listados. Uno de éstos es el Salmo 22, que ya había sido asignado a este contexto por algunos eruditos escandinavos. No obstante, aunque el salmista está en algún tipo de peligro, no está claro del todo que éste sea una batalla, y no hay ninguna indicación de que los enemigos sean extranjeros. El salmo, cuyo sujeto podía muy bien no ser un rey, no parece, por lo tanto, pertenecer al contexto postulado.

Lecturas adicionales

Sobre los salmos reales en general:

CRIM, K. *The Royal Psalms*, John Knox. Richmond VA: 1962.
MOWINCKEL, S. *The Psalms in Israel's Worship*. 1, pp. 42-80.
SABOURIN, L. *The Psalm: Their Origin and Meaning*, 2, pp. 208-56.

Trabajos que analizan un buen número de salmos reales:

BIRKELAND, H. *The Evildoers in the Book of Psalms*.
CROFT, S. J. L. *The Identity of the Individual in the Psalms*.
EATON, J. H. *Kingship and the Psalms*.
MOWINCKEL, S. *The Psalms in Israel's Worship*, 1, pp. 225-46.

Sobre el punto de vista más común de que el número de los salmos reales es relativamente corto:

Muchos de los comentarios de los salmos, por ejemplo A. A. Anderson, H.-J Kraus...
BELLINGER, W.H. *Psalmody and Prophecy*. pp. 28-31.
GUNKEL, H.; BEGRICH, J. *Einleitung in die Psalmen*, 1, pp. 140-76.

Sobre el ritual de la coronación :

DE VAUX, R. *Ancient Israel*, pp. 102-107.
KITCHEN, K. A. *Ancient Orient and Old Testament*. Tyndale, London 1966, pp. 106-11. (Es una crítica de las teorías de von Rad).
VON RAD, G. «The Royal ritual in Judah» en *The problem of the Hexateuch and Other Essays*. Oliver and Boyd, Edimburgo y Londres, 1965, pp. 222-31.

Sobre diversos aspectos del *status* religioso del rey:

COOKE, G. «The Israelite King As Son of God» en *ZAW*, 73, 1961, pp. 202-25.
EMERTON, J.A. «The syntactical Problem of Ps. 45,7» en *JSS* 13, 1968, pp. 58-63.
KUTSCH, E. *Salbung als Rechtsak im Alten Testament und im alten Orient* (BZAW, 87). A. Töpelmann, Berlín, 1963.
MOWINCKEL, S. *He that Cometh*. B. Blackwell, Oxford, 1959, pp. 21-95.
NORTH, C. R. «The Religious Aspect of Hebrew Kingship», en *ZAW 50*, 1932, pp. 8-38.
PORTER, J. R. «Psalm XLV.7», en *JTS* 12, 1961, pp. 51-53.
ROWLEY, H. H. «Melchidezek and zadok (Gn. 14 y el Sal. 110)», en *Festschrift Alfred Bertholet*, W. Baumgartner et al., editores. Mohr, Tübingen, 1950, pp. 461-72.

Sobre el Salmo 89:

VEIJOLA, T. *Verheissung in der Krise*. Suomalainen Tiedeakatemia, Helsinki, 1982.

Para el contraste de opiniones sobre la relación entre el Salmo 20 y el Papiro 63 de Amherst:

LORETZ, O.; KOTTSIEPER, I. *Die Königspsalmen: Die altorientalisch-kanaanäische Königstradition in jüdischer Sicht, 1 - Ps 20, 21, 72, 101 und 144* (Ugaritisch-Biblische Literatur, 6). Ugarit-Verlag, Münster, 1988, pp. 15-75.

NIMS, C. F.; STEINER, R. C. «A Paganized Version of Psalm 20 :2-6 from the Aramaic Text in Demotic Script» en *JAOS* 103, 1983, pp. 261-74.

Para el punto de vista de la escuela «Mito y Ritual» y la escuela de Upsala sobre la existencia de un patrón común de reinado en todo el Próximo Oriente Antiguo, véase:

ENGNELL, I. *Studies in Divine Kingship in the Ancient Near East.* Blackwell, Oxford, 1967.
HOOKE, S. H. (ed.) *Myth, Ritual and Kingship. Essays on the Theory and Practice of Kingship in the Ancient East and Israel.* Clarendon, Oxford 1958 (véanse los ensayos de S. H. Hooke [pp. 1-21] y de G. Widengren [pp. 149-203] para las posiciones más extremas en relación con Israel).

Para las objeciones a estos puntos de vista, véase:

FRANKFORT, H. *Kingship and the Gods.* University of Chicago Press, Chicago/London, 1948.
NOTH, M. «God, King, and Nation in the Old Testament», en *The Laws in the Pentateuch and other essays.* Oliver & Boyd, Edinburgh/London, 1966, pp. 144-78.
ROGERSON, J. W. *Myth in Old Testament Interpretation* (BZAW, 134). De Gruyter, Berlín/New York 1974, pp. 66-84 (para la crítica general de las opiniones de la escuela «Mito y Ritual»).

Sobre la teoría de la humillación del rey:

A favor:
EATON, J. H. *Kingship and the Psalms.* (Eaton propone también rituales de propiciación ritual).
JOHNSON, A. R. *Sacral Kingship in Ancient Israel.* University of Wales Press, Cardiff, 1967, 2ª edición.

En contra:
CROFT, S. J. L. *The Identity of the Individual in the Psalms*, pp. 85-88 (en las páginas 89-113, Croft presenta una reconstrucción alternativa del ritual real).
METTINGER, T. N. D. *King and Messiah: the Civil and Sacral Legitimation of the Israelite Kings* (Coniectanea Biblica, Old Testament Series, 8). C. W. K. Gleerup, Lund 1976, pp. 306-308.

Algunos puntos de vista minoritarios que sitúan los salmos reales en la época post-exílica:

BECKER, J. *Messianic Expectation in the Old Testament*. T. & T. Clarck, Edinburgh, 1980.
LORETZ, O.; KOTTSIEPER, I. *Die Königspsalmen*.

Capítulo 7

LA COMPOSICIÓN DEL SALTERIO

La división en cinco partes del Salterio

El Salterio está dividido en cinco libros: Salmos 1-41; 42-72; 73-89; 90-106 y 107-150. Éste es un claro artificio editorial tardío y puede haber surgido en imitación de los cinco libros del Pentateuco. Los primeros cuatro libros concluyen con doxologías similares (aunque no idénticas): Salmos 41,13; 72,18-19; 89,52 y 106,48. El salmo final del libro 5, que es el último salmo de todo el Salterio, el Salmo 150, carece de una doxología de este tipo. Sin embargo, este salmo es, de hecho, una doxología larga sobre el tema de «¡Alabad al Señor!».

Es interesante que la cita que hace 1 Crónicas 16 del Salmo 106 incluya la doxología (v. 48) en el versículo 36: «¡Bendito sea Yahvé, Dios de Israel, de eternidad a eternidad ! Y dijo todo el pueblo: "Amén", y alabó a Yahvé». Esto puede indicar que el Salterio ya había sido dividido en libros y estaba completo para el tiempo de las Crónicas, en el siglo IV a. C.

La deliberada colocación del Salmo 1

Es difícil no creer que la colocación del Salmo 1 al comienzo del Salterio no obedece a una premeditada intención editorial (así lo creen B. S. Childs y G. H. Wilson). Se trata de un mensaje atemporal, que sitúa ante el lector los dos caminos –el camino de los justos y el camino de los malvados– esto lo hace apropiado como introducción a todo el Salterio. Sin embargo, G. H. Wilson seguramente va demasiado lejos cuando afirma que el énfasis del Salmo 1 sobre la meditación en la Ley indica que el Salterio es, en su forma final, un libro para ser leído más que para ser representado. Ésta es una falsa antítesis y, en cualquier caso, supone una contradicción de los encabezamientos musicales de los salmos.

Teorías del Leccionario sobre el origen de la ordenación de los salmos

Por parte de algunos eruditos –como A. Arens–, se ha intentado, en algunas ocasiones, explicar el orden de los salmos en el Salterio suponiendo que surge de las necesidades del Leccionario de la Sinagoga. Los salmos de los cinco libros del Salterio, se afirma, habrían sido colocados para su lectura consecutiva junto con los pasajes (*sedarim*) de los cinco libros del Pentateuco (Torá) en un ciclo de tres años. No obstante, por lo general esta opinión está desacreditada actualmente entre los eruditos. Se ha demostrado que los intentos de encontrar paralelismos entre la mencionada correspondencia de pasajes del pentateuco y pasajes de los salmos han sido forzados, y que el número de salmos y *sedarim* del Pentateuco en cada uno de los cinco libros no se corresponden convenientemente. Más aún, ahora ha quedado claro que todo el concepto de una lectura en tres años de la Torá es un desarrollo que pertenece a la época cristiana (cf. J. Heinemann) y, por tanto, no es posible que pudiera influir en la disposición del Salterio.

Las teorías de G. H. Wilson

G. H. Wilson, aunque acepta que muchos salmos individuales colocados atendiendo a razones de una supuesta autoría común, género, palabras clave, etc. –razones que serán ilustradas más abajo con ejemplos– ve también un propósito más amplio y general, en la ordenación del Salterio. A él le parece significativo que los salmos reales aparezcan en un grupo de «costuras» en los libros 1-3, por ejemplo los Salmos 2; 72 y 89;

y cree que el Salmo 41 puede haber funcionado también como un salmo real. Piensa que los libros 1-2 celebran el pacto de Yahvé con David (cf. Sal. 2; 72), aunque hacia el final del Libro 3 el pacto se ha convertido en humo (Sal. 89). El Libro 4 proporciona la respuesta a este problema con su mensaje que Yahvé es rey, que Él ha sido el refugio de Israel en el pasado, y que aquellos que confíen en Él serán bendecidos. El Libro 4 concluye con una súplica pidiendo la finalización del exilio (Sal. 106,47), y el Libro 5 se interpreta como el que ofrece la respuesta a esta plegaria: confiad en Yahvé.

No obstante, es difícil evitar la impresión que este mensaje globalizador afirmado para el Salterio le ha sido impuesto arbitrariamente concediendo una significación especial a ciertos salmos. Más aún, no queda claro, en absoluto, que los salmos reales hayan sido colocados conscientemente en las costuras del salterio en los libros 1-3. Así, por una parte, Wilson no ofrece tampoco una explicación plausible para la disposición de los salmos no-reales en las junturas en los Salmos 42/3 y 71, y (a pesar de Wilson) no existe ninguna evidencia de que el Salmo 41 haya funcionado alguna vez como un salmo real (el encabezamiento davídico es tardío). Por otra parte, es necesario recordar que, desde el punto de vista de los redactores, un buen número de salmos eran considerados reales (cf. los encabezamientos davídicos), así pues, parece arbitrario escoger un pequeño grupo que los estudiosos modernos puedan entender mayoritariamente como salmos reales.

Razones de la ordenación de los salmos

Parece que cualquier intento de encontrar un esquema global que dé cuenta del orden de los salmos está condenado a terminar en fracaso. Por otra parte, un estudio cuidadoso del Salterio revela que su ordenación no es *completamente* azarosa y que series enteras de criterios han sido utilizadas. Algunas veces, los editores han puesto juntos salmos con el mismo encabezamiento. En otras ocasiones, es posible discernir razones temáticas, palabras clave en común o géneros que han hecho que determinados salmos sean colocados junto a otros.

En primer lugar, los encabezamientos explícitos. Los Salmos 120-134 son todos «canciones de los escalones (o subidas)», los Salmos 42/43-9; 84-85 y 87-88 son adscritos a los hijos de Coré, los Salmos 73-83 son atribuidos a Asaf (como también el Sal. 50, a pesar de que está separado de los otros) y los Salmos 3-9; 11-32; 34-41; 51-65; 68-70; 108-110 y 138-145 son atribuidos a David (como también lo son los Sal. 86; 101; 103; 122; 124; 131 y 133, aunque éstos se encuentran aislados). El grupo Davídico formado por los Salmos 52-55 se titula «Un Maskil de David» y los Salmos 56-60, «Un Miktam de David». También los Salmos 42/43-45 son titulados «Un maskil de los hijos de Coré» y los Salmos 88-89, «Un Maskil de Etan el Ezraíta».

Como otros criterios de ordenación encontramos, por ejemplo, que los Salmos 104-106; 111-113; 115-117 y 146-150 empiezan o terminan (o ambas cosas) con ¡aleluya!, «Alabad a Yahvé». Dentro del grupo de Salmos 104-106, tanto el 105 como el 106 tienen en común un trasfondo histórico pormenorizado y el Salmo 104 tiene en común con el Salmo 103 el comenzar con «Bendice, alma mía a Yahvé», (el Salmo 103 también termina con estas palabras). Además, el Salmo 106,47 dice «Sálvanos, Yahvé, Dios nuestro y recógenos de entre las naciones» y el Salmo 107,3 dice similarmente «y [el Señor] los ha congregado de las tierras», lo cual sirve, entonces, para unirlos.

Los Salmos 93 y 96-99 son todos salmos de entronización. El Salmo 95 se relaciona también con el reinado de Yahvé, y el 94, con su énfasis en Yahvé como juez de la tierra, también encaja muy bien en esta secuencia de salmos. Además el Salmo 100,3 es paralelo al Salmo 95,7, con sus palabras «pueblo suyo somos y ovejas de su prado». Uno de los salmos de entronización, el Salmo 47 aunque se admite que está separado del resto, no obstante ha sido colocado en el lugar temáticamente correcto entre los Salmos 47 y 48, ya que esos salmos están relacionados con la inviolabilidad de Sión. Los temas gemelos de la inviolabilidad de Sión y el reinado de Yahvé, aparecen también juntos en Isaías 33 y en Zacarías 14, lo cual indica que están, por tanto, íntimamente relacionados.

Otros ejemplos de salmos con temas relacionados son los Salmos 50 y 51, que contienen declaraciones críticas similares acerca del sacrificio, y los Salmos 135 y 136, que contienen ambos paralelismos verbales y temáticos en sus referencias al Éxodo y a la conquista (en relación con Sehón, rey de los amonitas y Og, rey de Basán). La palabra clave principal proporciona una conexión entre el último versículo del Salmo 32 y el primero del Salmo 33.

Un número considerable de súplicas individuales aparecen agrupadas tal como sigue: Salmos 3-7; 25-28; 38-40 (por lo menos la primera mitad del Sal. 40) 54-57; 69-71 y 140-143. Dentro de los Salmos 38-40, los Salmos 38 y 39 son claramente salmos de enfermedad, así como también el Salmo 41, que es formalmente un salmo de acción de gracias individual más que una súplica, de manera que uno se cuestiona si el Salmo 40 no debería también ser entendido como un salmo de enfermedad. Además, los Salmos 65 y 66 son salmos de acción de gracias y los Salmos 20-21 son, ambos, salmos reales. Sin lugar a dudas un estudiante cuidadoso encontraría todavía más conexiones entre los salmos que las mencionadas aquí.

Finalmente, en cuanto al hecho de que haya un patrón general en la disposición de los salmos, éste se da seguramente en términos de un movimiento de la súplica a la alabanza, puesto que las súplicas predominan ampliamente en la primera mitad del Salterio y los himnos en la segunda. Sin embargo, esto es solamente una tendencia general y no una regla estricta.

Evidencias de recopilaciones tempranas y del Salterio Elhoísta

Hay evidencia clara de que el agrupamiento de los salmos no tuvo lugar de una sola tirada. Varios indicadores muestran que se prepararon recopilaciones más tempranas, que fueron posteriormente agrupadas para formar nuestro Salterio. Así, en el Salmo 72,20, al final del libro 3, se nos informa que «Aquí terminan las oraciones de David, el hijo de Isaí», a pesar que en nuestro Salterio actual los encabezamientos de numerosos salmos subsiguientes dicen que también son obra de David (Sal. 86; 101; 103; 108-110; 122; 124; 131; 133 y 138-145). Esto sólo tiene sentido si los libros 1 y 2 constituyeron originalmente una colección independiente de los libros 3-5. Además, encontramos que ciertos salmos aparecen duplicados: Salmo 14 = Salmo 53; Salmo 40,13-17 = Salmo 70; y Salmo 108 = Salmo 57,7-11 + Salmo 60,5-12. Esto también es más fácilmente explicable si los salmos duplicados pertenecieron originalmente a colecciones diferentes.

Una clara evidencia de una redacción más temprana aparece en los Salmos 42-83, conocidos comúnmente como los Salmos Elohístas. Esta denominación deriva del hecho de que por única vez en el Salterio, la palabra Elohim (traducido por «Dios» al español) aparece aquí con mayor frecuencia que el nombre Yahvé (traducido al español como el Señor o Yahvé). Así, mientras en los Salmos 1-41 la palabra Yahvé aparece 272 veces (o bien 278, si incluimos los encabezamientos y las doxologías), y la palabra Elohim 15 veces, en los Salmos 84-89 Yahvé aparece 31 veces y Elohim 7, y en los Salmos 90-150 Yahvé aparece 339 veces y Elohim 6; la situación se invierte en los Salmos 42-83, donde la palabra Yahvé se encuentra sólo 43 veces (excluyendo la doxología del Salmo 72,18); y Elohim aparece en 200 ocasiones. Está claro, por una serie de indicaciones, que esta situación debe explicarse por la actividad editorial, en la cual el nombre Elohim fue sustituido de manera sistemática, pero no completa, por el de Yahvé. Así, en primer lugar, hay pasajes en estos salmos en que la presencia de la palabra Elohim es rara, como en el Salmo 50,7 «Yo soy Dios el Dios tuyo» y Salmo 45,7 «Por tanto te ungió Dios, el Dios tuyo»; en ambos casos «El Señor, tu Dios» hubiera sido la lectura más directa. En segundo lugar, en los pasajes del Salterio Elohísta que aparecen en el Antiguo Testamento encontramos Yahvé en lugar de Elohim. El paralelismo puede producirse incluso fuera del Salterio, como en el Salmo 68,1,7,8 que remiten a Números 10,35, Jueces 5,4,5; o dentro del Salterio mismo como en el caso de los salmos duplicados, Salmo 14 = Salmo 53 y Salmo 40,13-17 = Salmo 70 (aunque, curiosamente, en el Salmo 70,5 Yahvé aparece en lugar del Elohim del Salmo 40,17). El hecho de que el Salmo 108 (paralelo al Salmo 57,7-11 + Salmo 60,5-12) utilice Elohim no representa un problema puesto que está claro que el Salmo 108 ha tomado sus versículos del Salterio elohísta. Esto es evidente por el hecho de que, además del Salmo 144,9, el Salmo 108 contiene las únicas apariciones de Elohim en el conjunto de los Salmos 90-150.

También, en una etapa anterior se realizaron varias colecciones de salmos, que fueron incorporadas posteriormente a nuestro Salterio. Éstas incluyen los salmos atribuidos a David (Sal. 3-9; 11-32; 34-41; 51-65; 68-70; 86; 101; 103; 108-110; 122; 124; 131; 133 y 138-145); los salmos asociados con los músicos del Templo, Asaph (Sal. 50 y 73-83) y los hijos de Coré (Sal. 42-49; 84-85 y 87-88), y las así llamadas canciones de los escalones (o subidas) (Sal. 120-134).

Los Salmos de David

El número de salmos atribuidos a David por los encabezamientos en hebreo son los Salmos: 3-9; 11-32; 34-41; 51-65; 68-70; 86; 101; 103; 108-110; 122; 124; 131; 133 y 138-145, aproximadamente la mitad del Salterio. En ocasiones se ha afirmado que $l^e d^a w \Delta d$ en estos encabezamientos no significa «de David» sino más bien «relacionado con David», siendo así equiparables a expresiones en los textos ugaríticos tales como *lb'l* «relacionado con Baal». No obstante, este punto de vista es difícil de defender. Podemos tomar, por ejemplo, el encabezamiento del Salmo 7[1], «Shiggaion $l^e d^a w \Delta d$», «Endecha de David, que cantó a Yahvé cuando lo de Cus, benjamita» o el Salmo 18, «Del siervo de Yahvé, David, que dirigió a Yahvé las palabras de este cántico cuando le hubo librado Yahvé de las manos de todos sus enemigos y de la mano de Saúl...» Es imposible suponer que $l^e d^a w \Delta d$ en estos ejemplos sea otra cosa que una atribución de autoría.

En la actualidad, existe el acuerdo general que estos encabezamientos no deberían ser en realidad considerados como auténticos. Aunque algunos salmos puedan ser de la época de David (por ejemplo, el Sal. 110), tendría que ser muy osado el estudioso que afirmase que algún salmo puede atribuirse en concreto a David (no obstante cf. M. D. Goulder). Algunas veces, los encabezamientos hacen referencia a situaciones concretas de

---

1 Las traducciones de los encabezamientos están tomadas de la *Sagrada Biblia*, edición de Eloino Nácar Fuster y Alberto Colunga Cueto O.P. B.A.C., Madrid, 1977 (la versión conocida como Nácar-Colunga).

la vida de David como la situación a la que se refiere el salmo en cuestión (Sal. 3; 7; 18; 34; 51-52; 54; 56-57; 59-60; 63 y 142), que generalmente hace referencia a episodios conocidos del libro de Samuel. No obstante, no hay duda que estos encabezamientos son adiciones posteriores al texto, porque muy difícilmente en alguna ocasión armonizan con los contenidos verdaderos del salmo sino de una forma muy general y, en ocasiones, son muy inapropiados. Así, ellos proporcionan la evidencia de la historia de la interpretación de los salmos, más que de su contexto original. La creciente tendencia de atribuir un número cada vez mayor de salmos a David se refleja en la versión griega de los Setenta, donde el número se eleva de 73 a 85 (incluido el Salmo adicional 151), en ocasiones, con detalles adicionales precisos de las circunstancias.

Aunque la mayor parte de estos salmos ni siquiera son reales –y menos aún de David–, es muy probable que un gran número de ellos provengan del período pre-exílico, cuando estaba en el trono la monarquía davídica. Se concentran especialmente en los libros 1-2 del Salterio, que son los que parecen contener la mayoría de los salmos más antiguos, aquellos que han sido fechados en época pre-exílica.

Los salmos de los hijos de Coré

Los salmos que siguen tienen encabezamientos que los asociarían con los hijos de Coré: Salmos 42-49; 84-85; y 87-88 (el Salmo 88 también se atribuye a Hemán Ezraíta). De éstos, los Salmos 42/43; 46; 48; 84 y 87 están relacionados de manera especial con el monte de Sión, y la tremenda importancia que le conceden a su inviolabilidad (cf. los Sal. 46; 48) sugiere un origen pre-exílico, antes de la destrucción del primer templo (en contra G. Wanke). No existen buenas razones para rechazar que tengan su origen en Jerusalén, como sugiere su extendida teología sobre Sión. No obstante, esto no ha sido un obstáculo para que dos eruditos hayan sugerido orígenes diferentes. Así, J. Maxwell Miller considera que los salmos de Coré son originarios del sur de Judá; mientras que M. D. Goulder (quien no discute la sugerencia de Miller) opina que tienen su origen en el otro extremo de Israel, en el santuario de Dan en el Reino del Norte, específicamente durante el Festival de Otoño.

Los argumentos de Miller tienen su origen en el hecho de la mención que se hace de los *bny qrÊ*, «los hijos de Coré» en un óstracon hallado cerca del santuario en Arad, al sur de Judá (cf. Y. Aharoni, *Arad Inscriptions*, n° 49, línea 2). Esto puede hacer o no referencia a los hijos levitas de Coré en la Biblia, pero incluso aunque así sea, no se puede negar que no hay referencias claras al sur de Judá en estos salmos, aunque las alusiones a Sión son omnipresentes. Miller cree que la referencia del Salmo 48,2 al monte Sión como situado «a los lados del norte» apoya muy favorablemente su tesis del origen sureño de estos salmos. No obstante, es mucho más probable que la frase en cuestión sea una frase mítica, que debe ser traducida «en las alturas de Zafon». Zafon era el nombre de la montaña donde Baal tenía su morada, según los textos ugaríticos, y se asocia con el nombre divino Elyon («el Altísimo') en Isaías 14,13-14, El-Elyon («Dios el Altísimo») que era el nombre de la divinidad jebusita de Jerusalén, identificada con Yahvé por los Israelitas (cf. Gn. 14,18-20, 22). El nombre divino jerosolimitano Elyon es empleado de hecho en el salmo coraíta mencionado, Salmo 46,4 y hay otras claras alusiones míticas de un carácter visiblemente jerosolimitano en los Salmos 46 y 48. En el Salmo 46,4 encontramos el mítico «Del río sus corrientes alegran la ciudad de Dios, el santuario de las moradas del Altísimo (Elyon)», mencionado en todas partes en relación con Jerusalén (cf. Is. 8,5 y 33,21; Ez. 47,1 y ss.; Jl. 3,18; Zac. 14,8), mientras que en el Salmo 48,7 leemos la destrucción de los barcos, aparentemente dentro del campo de visión de Jerusalén (cf. v. 8), motivo mítico asociado también a Jerusalén en Isaías 33,21-23. Miller apela también al hecho que en la obra del cronista los coraítas no son identificados como uno de los tres grupos de cantantes del templo de Jerusalén, en 1 Crónicas 5,31-48 sino que aparecen más bien como porteros del templo (cf. 1 Cr. 26,1). De cualquier manera, sí aparecen como cantantes del templo de Jerusalén en 2 Crónicas 20,19, un versículo al que Miller trata de quitar importancia con demasiada facilidad.

La prueba de Goulder para atribuir los salmos coraítas originalmente a un contexto danita, idea anteriormente sostenida por J. P. Peters, también es débil (él acepta que fueron utilizados en Jerusalén desde el siglo VII a. C. explicando, así, las referencias a Sión) «el extremo Norte» según la interpretación de Goulder del Salmo 48,2, es aducida ahora para apoyar una localización del salmo en el santuario norteño de Dan, mientras que el río del Salmo 46,4 se supone que se refiere al río Jordán. De cualquier manera, por las razones ya aducidas, parece que estas referencias son más bien imaginería mítica relacionada con Jerusalén. Ya en el siglo VIII a. C. Isaías parece basarse en tradiciones del Salmo 46 y relacionarlas con Israel (cf. Is. 7,14; 8,5 y ss. y 17,12-14). Además, Goulder apela al Salmo 42 en el que se hace referencia a que el salmista está en el monte Hermón y en la tierra del Jordán (v. 6), que estaban próximos a Dan, pero el contexto del salmo implica claramente que el salmista está sediento de Dios como si estuviera muy lejos del santuario de Yahvé, presumiblemente el templo de Jerusalén. Es difícil ver, sin embargo, que este salmo apoye la opinión de que los salmos coraítas fueron parte de la liturgia danita regular. En conclusión, parece no haber razones convincentes para rechazar la idea que los salmos coraítas se originaron en el culto de Jerusalén, como las frecuentes referencias a Sión sugieren.

Los salmos de Asaf

Los Salmos 50 y 73-83 son atribuidos a Asaf. Parece que el Salmo 50 se separó de alguna forma del resto, de manera que ahora forma un puente entre la primera colección de salmos coraítas (Sal. 42-49) y la segunda colección de salmos davídicos (51-57). Asaf aparece en las crónicas como un músico y cantor del templo en tiempos de David (1 Cr. 15,16-19; 16,4-5, 7, 37) y los hijos de Asaf aparecen en un papel similar en épocas posteriores (1 Cr. 25,1 y ss.; 2 Cr. 5, 12; 20,14; 29,13; 35,15; Esd. 2,41; 3,10; Neh. 7,44; 11,22). Los salmos de Asaf parecen tener su origen en el gremio de los hijos de Asaf. Es extraño que los encabezamientos atribuyan estos salmos al propio Asaf más que a sus hijos, puesto que son de una fecha manifiestamente posterior a David, atestiguando, por ejemplo, la destrucción del templo de Jerusalén en 586 a. C. (cf. Sal. 74 y 79).

Estos salmos tienden a caracterizarse por ciertas formas distintivas dando así credibilidad a la opinión según la cual provendrían de una colección independiente anterior a su inclusión en nuestro Salterio. Estas características son las siguientes:

(I) Todos están relacionados, de una o de otra manera, con el juicio divino, ya sea en Israel (Sal. 50; 77; 78; 80 y 81), Jerusalén (Sal. 74 y 79), las naciones extranjeras (Sal. 75; 76 y 83), los malvados (Sal. 73) o los dioses (Sal. 82). El tema, sin embargo, es tratado de diferentes maneras en estos salmos.

(II) Un buen número de estos salmos apela a los hechos poderosos de Yahvé en el pasado, ya sea en la historia o en la creación, como un motivo para que Yahvé actúe en el presente o como una manera de prevenir o de exhortar al pueblo. Especialmente prominentes son los hechos del período del Éxodo (Sal. 77,11-20; 78,11-53; 80, 8-11 y 81,4-7), aunque también podamos leer sobre el asentamiento y conquista de Canaán (Sal. 78,53-54) hechos del período de los jueces (Sal. 78,60-66 y 83,9-12) y de la victoria de Yahvé sobre los poderes del caos y la ordenación del mundo en el momento de la creación (Sal. 74, 12-17).

(III) Hay un considerable número de alusiones a Israel como un rebaño de ovejas, con Yahvé como su pastor (Sal. 74,1; 77,20; 78,52 [cf. 70-72]; 79,13 y 80,1), más abundantes que en todo el resto del Salterio.

(IV) Además, hay un número sorprendentemente elevado de referencias a las tribus del norte de Israel, especialmente bajo el nombre de José (Sal. 77,15; 78,9, 67; 80,1 y ss. y 81,5). Hay una sola referencia más a José en todo el resto del Salterio (Sal. 105,17) y es más bien como nombre individual que tribal.

(V) Hay, además, un gran número de oráculos divinos en estos salmos (Sal. 50; 75,2-5; 81,6-16 y 82,2-7).

(VI) Estos salmos se centran más en la comunidad como un conjunto que en los individuos (el Sal. 73 es la única excepción). Contrastan con los, así llamados, salmos davídicos donde abundan tanto las súplicas individuales.

Debido a la evidente relación de estos salmos con las tribus del norte se ha supuesto, en algunas ocasiones, que el grupo de los asafitas se originó en el norte y posteriormente se trasladó a Jerusalén. Sin embargo, esto está lejos de poder afirmarse con seguridad. El Salmo 78 es marcadamente antinorteño, y las referencias a José están sin duda condicionadas por la relación particular de las tribus de José con el Éxodo, que también figura de manera destacada en estos salmos. El Salmo 80 tampoco parece haber sido compuesto en el norte, como algunos suponen, puesto que implica que Yahvé tiene su trono sobre los querubines (v. 1), de los cuales existieron representaciones en el templo de Jerusalén. Sin embargo, la posibilidad de un cierto substrato norteño de los asafitas, no puede ser descartada.

Con su énfasis en el juicio divino, los oráculos divinos y su apelación a los hechos de Yahvé en el pasado, parece que tenemos evidencia del origen profético de estos salmos. De cualquier manera, es interesante que el cronista se refiera a Asaf como un vidente (2 Cr. 29,30) y de los hijos de Asaf y de otros cantores y músicos del templo, como profetas (1 Cr. 25,1-6; cf. 1 Cr. 20,14 y 35,15). A. R. Johnson conjeturó que los profetas del culto del período anterior al exilio fueron asimilados al rango de los cantores y músicos del templo en el período posterior al exilio.

Los salmos de Idutún

El Salmo 39 tiene el siguiente encabezamiento «De Idutún» (*lîdûtûn*) y los Salmos 62 y 77 «Sobre Idutún» (*y^edōtōn*). Al igual que los de Asaf y Emán, el nombre de Idutún se usa varias veces en Crónicas (1 Cr. 9,16; 16,38,41 ss.; 25,1,3,6; 2 Cr. 5,12; 29,14; 35,15) y una vez en Nehemías (Neh. 11,17) para referirse a un músico y cantor del templo que vivió en la época de David y Salomón, y cuya descendencia también se dedicó a lo mismo. Parece que se le equipara con Etán (1 Cr. 15,17, 19; cf. 1 R. 4,31), a quien se atribuye el Salmo 89 (ver abajo). Mowinckel, no obstante, no cree que Idutún en el encabezamiento de los salmos haga referencia en absoluto a una persona, sino que cree que es un sustantivo que significa «confesión». Pero esto va en contra del hecho de que se espera una referencia al músico del templo Idutún, puesto que otros músicos del templo, conocidos a través de Crónicas, aparecen también en los encabezamientos (Asaf, los hijos de Coré, etc.). No obstante, se ha sugerido también que Idutún, en los salmos, hace referencia a un tipo de tono salmódico que ha sido cambiado a un nombre personal en Crónicas. La razón por la que algunos se han mostrado excépticos a considerar que Idutún en los encabezamientos de los salmos sea el nombre del músico del templo, es la presencia de la preposición 'al «según» antes de esta palabra en los Salmos 62 y 77, lo cual es un tanto extraño antecediendo a un nombre de persona, pero es posible que debamos entender «de acuerdo con», es decir, «de acuerdo con el estilo musical de Idutún».

Un salmo de Etán el ezraíta

El Salmo 89 se atribuye a Etán el ezraíta, quien también aparece en 1 Reyes 4,31 como un sabio de los tiempos de Salomón. Probablemente, el editor del encabezamiento del Salmo 89 lo identificó con Etán, el músico y cantor del templo en los tiempos de David (1 Cr. 15,17, 19), quien, a su vez, parece ser identificado con Idutún, como más arriba ha sido dicho. Sin embargo, en 1 Crónicas 2,6, Etán aparece al lado de Hemán y los otros músicos de 1 Reyes 4,31 como el hijo de Zera (cf. «ezraíta») y como el nieto de Judá y Tamar, mucho antes del tiempo de David y Salomón.

Un salmo de Hemán el ezraíta

El Salmo 88 se atribuye a este personaje, a pesar que el encabezamiento también lo llama «salmo de los hijos de Coré». Hemán el ezraíta también aparece en 1 Reyes 4,31 junto a Etán como un sabio de los tiempos de Salomón. Probablemente, el editor del encabezamiento del Salmo 88 lo identificó con Hemán, el músico y cantor del templo en los tiempos de David (1 Cr. 15,17, 19), a pesar que, en 1 Crónicas 2,6, Hemán es el hijo de Zera y el nieto de Judá y

Tamar.
Un salmo de Salomón

Los Salmos 72 y 127 son atribuidos a Salomón en sus encabezamientos, pero esto pertenece a una tradición posterior. El
Salmo 127, de hecho, es un salmo post-exílico, y aunque el Salmo 72 es un salmo real pre-exílico, es dudoso que su autor sea
Salomón. Sin embargo, no es difícil imaginar cómo estos
salmos llegaron a ser asignados a este rey. El gran reino impe-
rial descrito en el Salmo 72 hubiera recordado a Salomón, sobre
todo las referencias al tributo de Saba en los versículos 10 y 15
(cf. la reina de Saba en 1 R. 10) y posiblemente la alusión al rey
de Tarsis en el versículo 10 (cf. «naves de Tarsis» en 1 R. 10,22)
y «el hijo real» en el versículo 1, lo cual eliminaría a David. La
afirmación del Salmo 127, 1 y ss. «Si Yahvé no edifica la casa,
en vano trabajan los que la edifican» fue interpretada erró-
neamente al relacionarla con el templo, que fue edificado por
Salomón, y «su amado» en el versículo 2 posiblemente también
estaba relacionado con Salomón, quien es llamado Jedidías
(«amado del Señor») en 2 Samuel 12,25.

Una oración de Moisés, el hombre de Dios

Únicamente un salmo, el Salmo 90, se atribuye a Moisés, pero
ningún crítico toma esta atribución en serio. El propio salmo no
contiene indicaciones de provenir de una época tan temprana y
es claramente una atribución tardía.

(Para las canciones de los escalones o subidas, véase el
Capítulo 4).

Lecturas adicionales

Para la ordenación de los salmos:

AARENS, A. *Die Psalmen mi Gottesdienst des alten Bundes*
(Trierer theologische Studien, 11), Trier, 1961. (Es una apro-

ximación al Leccionario).
HEINEMANN, J. «The Triennial Lectionary Cycle» en *JJS* 19, 1968, pp. 41-48 (rechaza la posibilidad de una aproximación a través del leccionario).
WILSON, G. H. *The Editing of the Hebrew Psalter* (SBL Dissertation Series, 76). Scholars, Chico, 1985.

Sobre David en el encabezamiento de los salmos, y los salmos davídicos:

BRUCE, F. F. «The Earliest Old Testament Interpretation» en *OTS* 17, 1972, pp. 44-52.
CHILDS, B. S. «Psalm Titles and Midrashic Exegesis» en *JSS* 16, 1971, pp. 137-50.
GOULDER, M. D. *The prayers of David* (Sal. 51-72). Studies in the Psalter, II (JSOT Supplement Series, 102), JSOT, Sheffield 1990.
MOWINCKEL, S. *The Psalms in Israel's Worship* 2, pp. 98-101.

Sobre los salmos de los hijos de Coré:

GOULDER, M. D. The Psalms of the Sons of Korah (JSOT Supplement Series, 20) JSOT, Sheffield, 1982.
MILLER, J. M. «The Korahites of Southern Judah», en *CBQ* 32, 1970, pp. 58-68.
WANKE, G. *Die Zionstheologie der Korachiten* (BZAW, 97), Töpelmann, Berlín, 1966.

Sobre los salmos de Asaf:

BUSS, M. J. «The Psalms of Asaf and Korah», en *JBL* 82, 1963, pp. 382-92.
ILLMAN, K.-J. *Thema und Tradition in den Asaf-Psalmen* (Publications of the Research Institute of the Abo Akademi Foundatio, 12), Abo Akademi Forskningsinstitut, Abo, 1976.
NASUTI, H. P. *Tradition History and the Psalms of Asaf* (SBL Dissertation Series, 88), Scholars, Atlanta, 1988.

Capítulo 8

TEOLOGÍA DE LOS SALMOS Y LA HISTORIA DE SU INTERPRETACIÓN POR LOS JUDÍOS Y LA IGLESIA CRISTIANA

La teología de los salmos

Yahvé y los dioses

En el Salmo 53,1 (= Salmo 14,1) se nos dice que «el necio dice en su corazón: "no hay Dios"». Ésta no es una expresión de ateísmo teórico, el cual, además, probablemente no existía en el Israel antiguo, sino más bien de ateísmo práctico (cf. v. 1b: «Se han corrompido e hicieron abominable maldad, no hay quien haga el bien»).

De manera parecida, para la mayoría, lo que encontramos en el salterio es una manifestación de monoteísmo práctico más que teórico. Israel tiene que adorar únicamente a Yahvé (cf. el eco que se percibe del comienzo del *Decálogo* en el Salmo 81,9-10: «No habrá en ti dios ajeno, ni te inclinarás a dios extraño. Yo soy Yahvé que te hice subir de la tierra de Egipto»). Esto no es lo mismo que decir que no existen otros dioses. No obstante, los pasajes post-exílicos sobre los ídolos de las naciones en los Salmos 115, 4-8 y 135,15-18 reflejan con claridad la creencia en un monoteísmo absoluto. Cuando la existencia de otros dioses no es negada, la incomparabilidad y la superioridad de Yahvé son resaltadas, por ejemplo en los Salmos 95,3; «Porque Yahvé es Dios grande, el gran Rey sobre todos los dioses» y 97,7: «...Póstrense ante él todos los dioses». En un cierto número de casos, en el Salterio, los dioses son considerados como miembros del consejo celeste de Yahvé, una creencia en cierto sentido análoga a aquella de la religión cananea donde los dioses (los hijos de El) constituían la corte del dios supremo El, según lo que conocemos a través de los textos ugaríticos (cf. Sal. 29,1; 82,1 y 6; 89,5-7). No obstante, el Salmo 82 se aparta un tanto, por cuanto en él los dioses son condenados a morir por su mala administración de las naciones (cf. vv. 6-7). ¡Una interesante manera de aproximación al monoteísmo!

Yahvé como Creador

La creación del mundo por parte de Yahvé es un tema recurrente en los salmos. Muy a menudo está asociado con el conflicto de Yahvé, con las aguas del caos o el dragón, que preceden al acto efectivo de creación. En ocasiones, se apela a este hecho en las súplicas como un recuerdo de los triunfos pasados de Yahvé (cf. Sal. 74,12-17; 89,9-13), y el dragón que se menciona aquí es conocido con los nombres de «Leviatán» o «Rahab». Más frecuentemente oímos hablar del sometimiento del mar o de las aguas en la creación (cf. Sal. 65,6-7; 93,3-4; 104,5-9); en el Salmo 33,6-7 ha ocurrido una desmitologización en cuanto a que el conflicto con las aguas parece haber llegado a ser un simple trabajo, como en Génesis 1. En el Salmo 29,3-10, la supremacía de Dios sobre las aguas es un signo de su señorío efectivo sobre la creación. Éste era el tema asociado al señorío de Yahvé en la Fiesta de los Tabernáculos. Uno de los pasajes citados, Salmo 104,5-9, forma parte de un amplio conjunto de alabanzas del señorío de Yahvé sobre la creación. Este salmo, además, muestra claros signos de dependencia de un himno del faraón Akhenatón en honor del sol y, a su vez, parece ser una de las fuentes subyacentes que dibujaron la estructura de Génesis 1, cuyo orden de la creación es sorprendentemente semejante al del salmo.

El esplendor de la creación fue utilizado para proclamar la gloria de Dios. Como afirma el Salmo 19, con palabras que ha hecho famosas la espléndida composición de Haydn , «Los cielos cuentan la gloria de Dios y el firmamento anuncia la obra de sus manos». En otros lugares de los salmos, las diferentes partes de la creación son exhortadas a alabar a Yahvé (Sal. 96,11 y ss.; 98,7 y ss.). Es especialmente en los himnos que conforman el Salterio donde se alude a la creación del mundo por parte de Yahvé. La creación de la humanidad es mencionada con mucha menos frecuencia en los salmos que la creación del mundo. El pasaje clásico es el que encontramos en el Salmo 8,3-8 (véase más adelante, bajo «humanidad»).

Los poderosos hechos de Yahvé en la historia

El lugar preeminente lo ocupa el Éxodo, la liberación de los esclavos hebreos de la esclavitud en Egipto en los tiempos de Moisés (cf. Sal. 77,16 y ss.; 78,11-13,42-51; 80,8; 81,5,10; 105,26-36; 106, 7-12; 114,1,3,5; 135,8-9 y 136,10-15), y, continuando desde éste, los extravíos en el desierto (cf. Sal. 68,7 y ss.; 78,14 y ss.; 81,7; 105,37-41; 106,14-33; 114,4,6,8 y 136,16), y el asentamiento de Israel en Canaán (cf. Sal. 78,54-55; 105,44; 114,3,5; 135,10-12 y 136,17-22). Unos pocos salmos, tales como el 78; 105 y 106 son elevados con estos eventos a un alto grado (véase más arriba, Capítulo 4, bajo el epígrafe «Salmos históricos»). El exilio, interpretado como la sentencia de Dios por los pecados de la nación, proporciona el trasfondo a un gran número de salmos, entre ellos Salmos 74 y 79, que lamentan la destrucción del templo, y el Salmo 137, que hace referencia a la vida de los judíos exiliados «junto a los ríos de Babilonia». La restitución a Jerusalén, por parte de Dios, de los judíos exiliados proporciona el contexto del Salmo 126 y puede decirse que también del Salmo 85. Para los judíos, fue más difícil percibir la actuación de Dios en la historia durante el período postexílico que en el anterior, y esto se refleja en la casi absoluta ausencia de esa clase de referencias en los salmos.

Los atributos de Yahvé

Una imagen de Yahvé empleada en los salmos es la del rey (por ejemplo, Sal. 24,7-10; 29,10; 48,2; 74,12; 93,1; 95,3; 96,10; 97,1;

98,6 y 99,1). Este epíteto era también un préstamo cananeo. Algunos pasajes asocian el Reino de Yahvé con la victoria sobre el caos de las aguas (cf. Sal. 29,10; 74,12 y ss.; 93,1 y ss.), lo cual provendría, en última instancia, del dios cananeo Baal, cuya victoria sobre el dios Yam, el mar, constituía la base de su reinado, según lo que conocemos a través de un mito conservado en textos ugaríticos (Gibson, 37-45). El Antiguo Testamento, en un cierto número de ocasiones conecta el reinado de Yahvé con su creación del mundo (cf. Sal. 74,12 y ss.; 93,1 y ss.; 95,3 y ss.; 96,10). El tema de la entronización de Yahvé sobre el caos de las aguas en el momento de la creación era representado en la Fiesta de los Tabernáculos, como hemos visto en el Capítulo 5. Como rey, Yahvé era visto como entronizado sobre los querubines en el «Lugar Santísimo» del templo de Jerusalén (Sal. 80,1), y los dioses como parte de su corte celestial (Sal. 29,1; 82,1,6 y 89,5-7). Debe tenerse en cuenta que las imágenes de Yahvé como pastor (cf. Sal. 23,1 y ss.; 80,1) y juez (por ejemplo, Salmos 82,1; 96,13) son maneras alternativas de referirse a su reinado.

Otra forma en la que la grandeza de Yahvé aparece manifestada en los salmos es la referencia a él como «el Más Alto» (hebreo 'elyôn, cf. Sal. 46,4; 47,2; 82,6; 87,5 y 97,9). No obstante, aunque sirve para destacar su supremacía, este término no es simplemente un adjetivo sino que representa la apropiación para Yahvé del nombre de un dios semítico occidental, conocido en otro lugar a través de un tratado arameo de Sefiré y de Filón de Biblos. En Génesis 14,18-20,22, Dios el Más Alto (El-Elyon) es el nombre del dios Jebusita (cananeo), pre-israelita de Jerusalén, cuyo sacerdote era Melquisedec, y sin duda fue de allí de donde los israelitas tomaron el nombre para Yahvé, tras la conquista de la ciudad por David.

Al igual que ocurre en otros lugares del Antiguo Testamento, Yahvé es presentado en los salmos como el Dios Santo. En diversas ocasiones es llamado el Santo de Israel (Sal. 71,22; 78,41 y 89,18). Este término es mejor conocido en el libro de Isaías, tanto en las palabras del profeta conocido como primer Isaías (por ejemplo, Is. 1,4 y 5,19) como en las del segundo Isaías (por ejemplo, Is. 41,14 y 49,7) y, de hecho, en ocasiones se ha creído que fue el primer Isaías quien acuñó la expresión. No obstante, hay buenas razones para creer que él tomó la frase del culto tradicional de Jerusalén, porque ya aparece en el Salmo 78,41, un salmo que, como ya hemos visto, es, según todas las evidencias, anterior a Isaías. Es interesante destacar que otro aspecto de la presentación que hace Isaías de la santidad de Yahvé parece que tiene su origen en los cultos tradicionales de Jerusalén que se encuentran en los salmos. Esto está relacionado con Isaías 6, donde, en mitad de la visión profética de Yahvé como rey, escucha a los serafines gritando «Santo, Santo, Santo...» Podemos compararlo con el Salmo 99, donde la santidad de Yahvé es exaltada tres veces en el transcurso de un salmo que celebra su reinado (vv. 3, 5, 9; cf. v. 1).

Uno de los términos que es usado con notable frecuencia sobre Yahvé en los salmos es la palabra hebrea Êesed. Aparece un total de más de cien veces. Es traducida de diversas maneras, como gran amor, misericordia, lealtad o amabilidad, etc., y denota la actitud característica de Yahvé hacia los israelitas, tanto colectiva como individualmente. Los salmistas lo usan con frecuencia (v. g. 25,6; 31,16) y lo consideraron una razón para alabar a Dios (cf. Sal. 117, 136).

Yahvé, a causa de su amor misericordioso, es un Dios que libera a su pueblo, tanto individual como colectivamente. En ocasiones se utiliza el verbo «salvar» (hebreo $y^a\ddot{e}a'$), y es particularmente frecuente en la forma del imperativo en los salmos de súplica que apelan a la divinidad (por ejemplo, Sal. 7,1; 22,21 y 28,9). En ocasiones, el verbo «redimir» se utiliza en relación con Dios, tanto si utiliza la raíz hebrea $p^a d^a h$ como si la utilizada es g^a 'al. Mientras que la primera raíz (documentada por ejemplo en los Sal. 25,22; 26,11; 71,23 y 78,42) tenía un trasfondo de transacciones de negocios, la segunda (cf. Sal. 74,2; 106,10; 107,2 y 119,154) pertenecía específicamente al derecho familiar, donde el $g\ddot{U}$ '$\hat{A}l$ («redentor») era un familiar que redimía a un pariente de la esclavitud (Lv. 25,47-55), compró de nuevo la tierra que habían perdido (Lv. 25,23-34) o se casaba con una mujer emparentada con él, para sacarla de su situación de viudedad (Rt. 4). Por lo tanto, cuando era empleado para referirse a Dios, el término poseía cálidas resonancias personales.

Se usan diferentes términos para expresar la confianza del salmista en Yahvé. Por ejemplo, se dice de Dios que es una roca (hebreo *sela'* o *îûr*, por ejemplo, Sal. 18,2 y 31,2-3), o fortaleza (por ejemplo, Sal. 94,22 y 14,42) y como alguien que ampara a otro bajo sus alas (por ejemplo, Sal. 17,8 y 63,7). En ocasiones se han realizado tentativas para relacionar la roca y las alas con las realidades cúlticas del templo, así la roca ha sido relacionada con la roca sagrada del «Lugar Santísimo» (actualmente la pieza central de la mezquita musulmana llamada «la Cúpula de la Roca» en Jerusalén) y las alas han sido, así mismo, relacionadas con las de los querubines, las esfinges aladas del «Lugar Santísimo» (sobre el Arca) que formaban el trono de Yahvé. No obstante, estos dos puntos de vista presentan algunos inconvenientes. No existe una evidencia real de que la roca sagrada de Jerusalén estuviera en el Lugar Santísimo y, de hecho, de ser así, eso provocaría profundos problemas en cuanto a nuestro conocimiento de la localización del templo, problemas que no es éste el lugar de discutir. En lo tocante a las referencias al refugio del salmista bajo las alas de Yahvé, parece más adecuado que Yahvé aquí está siendo retratado como un ave protectora (madre), aunque esta imagen no sólo se utiliza para referirse a Yahvé en Deuteronomio 32,11, sino que las alas son consideradas como un atributo típico de Yahvé en los salmos.

La presencia de Yahvé

Los hebreos consideraban a Yahvé como un ser a la vez trascendente e inmanente, y esto se refleja en el Salterio. Se le representa morando a la vez en el cielo y en el templo del monte Sión (cf. Sal. 11,4, «Yahvé está en su santo templo; Yahvé tiene en el cielo su trono»).

La presencia de Yahvé estaba asociada con el monte Sión desde los tiempos de David, cuando él llevó el Arca de la Alianza a Jerusalén (2 S. 6) y con el templo de Jerusalén desde la época de Salomón, cuando el Arca fue trasladada al interior del santuario. Como más arriba hemos dicho, el Salmo 132 indica una repetida actualización cúltica de la subida del arca al santuario durante la Fiesta de los Tabernáculos (cf. Sal. 24,7-10; 47,5 y 68,1.18). Además de éstas, existen, sin ninguna duda, otras referencias al Arca. En ocasiones aparece mencionada como «el poder de Yahvé» *('Üz)* o «la gloria» *(kᵃbôd* ó *tip'eret)*. Esto es lo que ocurre de forma clara en el Salmo 78,61 (cf. 1 S. 4,21 y ss.), y puede, perfectamente, ocurrir lo mismo en los Salmos 63,2 y 96,6 (cf. también el Sal. 132,8). Aunque el Arca se asociaba siempre a la presencia de Yahvé, no era su trono, contrariamente a lo que algunos de entre los primeros eruditos habían pensado. Eran los querubines (esfinges aladas), situadas en la parte superior del Arca, en el Lugar Santísimo, los que representaban el trono terrenal de Yahvé (cf. 1 S. 4,4; 2 S. 6,2; S. 80,1 y 99,1), de modo que el Arca funcionaba más bien como un escabel (cf. 1 Cr. 28,2; Sal. 132,7 y, probablemente, 99,5). La presencia de Yahvé en el templo era considerada como una garantía de seguridad para Sión. Las naciones podrían acosarlos, pero Sión permanecería inviolable. Podemos encontrar este mismo tema en los Salmos 46; 48 y 76. Posteriormente, Isaías modificó esta tradición acentuando la necesidad de la fe (cf. Is. 7,9), para que Dios defendiera a Sión.

En ocasiones se ha afirmado, especialmente H. J. Franken, que el Salterio atestigua la experiencia de la presencia de Dios en un sentido místico. Si por misticismo entendemos la disolución en la divinidad, éste no es de ninguna de las maneras el caso. Si, en cambio, lo entendemos como una íntima relación y comunión con Dios, entonces sí podemos hablar de misticismo en el Salterio. No obstante, hay que tener en cuenta que el Salterio sugiere que la presencia de Dios era aprehendida de manera especial en el transcurso de la adoración en el templo (cf. Sal. 23,5-6 27,4; 42,1-2; 84,1-7,10). Debemos recordar que la visión majestuosa que Isaías tuvo de Dios en Isaías 6, la cual contiene ecos del Salmo 99, fue experimentada en el templo.

Al mismo tiempo, como el Salmo 139 afirma elocuentemente, es imposible escapar de la presencia de Dios: «¿Adónde me iré de tu espíritu? ¿Y a dónde huiré de tu presencia? Si subiera a los cielos, allí estás tú; y si en el seol hiciera mi estrado, allí tú estás» (vv. 7-8).

La Humanidad

El pasaje clásico del Salterio sobre la necesidad y la función de la humanidad se encuentra en el Salmo 8,3-8, el cual puede ser comparado con Génesis 1,26 y ss. A modo de comparación, la transitoriedad de la vida humana aparece indicada en los salmos a través de la imagen de la hoja de hierba o de la flor del campo que se marchita (Sal. 90,5 ss.; 102,11; 103,15 ss.; cf. Is. 40,6 ss.; Job 14,1 ss.) y de la comparación de la humanidad con el aliento (Sal. 39,5 y 62,9) o con una sombra (Sal. 102,11). Los rasgos de debilidad pueden manifestarse también mediante el uso de la palabra «carne» (hebreo $b^a\hat{\imath}^a r$, Sal. 56,4 y 78,39).

Para los hebreos, el ser humano no era un alma encarnada, sino un cuerpo animado. El espíritu (*rûaÊ*) que los humanos poseían era el propio espíritu de Dios, al cual volvía en el momento de la muerte (Sal. 104,29 ss.). Aunque la palabra *nepeë* ha sido traducida frecuentemente en las Biblias españolas como «alma», no debemos olvidar que no se trata del «alma» en el sentido dualista del platonismo. Más bien hace referencia a la totalidad de la persona (cf. Gn. 2,7, donde el aliento de vida + el polvo de la tierra = al alma viviente). Como tal, en ocasiones se puede traducir como «vida», por ejemplo, Salmo 30,3, «Yahvé, hiciste subir mi alma del seol. Me diste *vida*» (cf. Sal. 16,10); o por el pronombre de primera persona, por ejemplo, Salmo 26,9, «No arrebates con los pecadores *mi* alma ni *mi* vida». Aunque *nepes* era el lugar donde residían los sentimientos, su traducción como «alma» también podría ser adecuada, por ejemplo, Salmo 42,5, «¿Por qué te abates, alma mía, y te turbas dentro de mí?». En otras ocasiones puede incluso significar «deseo», como en el Salmo 35,25, «No digan en su corazón: "¡Ajá lo que queríamos!"»[1]. *Nepeë* puede significar también garganta o cuello, por ejemplo, el Salmo 69,1, «¡Sálvame, Dios, que me llega el agua al cuello!», y este sentido físico, parece haber sido su sentido original (cf. en akkadio *napïëtu*, en ugarítico *npë*).

---

1 N. del T. La Reina-Valera ofrece una versión un tanto diferente: «¡No digan en su corazón!: "¡Ya es nuestro!"». En las demás versiones castellanas se sustituye «deseo» por «queríamos».

También pueden emplearse para hacer referencia a la personalidad humana, los nombres de otras partes del cuerpo humano. Así, los riñones (en hebreo $k^e lay\hat{U}t$) se utilizan de esta manera en los Salmos 7,9; 16,7; 26,2; 73,21 (traducido por «corazón» en la versión Reina-Valera); y la palabra corazón (en hebreo $l\hat{A}b$ o $l\hat{A}b^ab$) se utiliza con frecuencia con diversas connotaciones, bien como residencia de los sentimientos (los Sal. 25,17; 27,14 y 119,32), de los deseos (Sal. 21,2) o de la razón. Finalmente, es probable que «hígado» se utilice también para hacer referencia a la personalidad humana en los Salmos 7,5; 16,9; 30,12; 57,8 y 108,1. En todos estos casos, el texto hebreo habla, de hecho, de la «gloria» del salmista (en hebreo $k^ab\hat{o}d$), pero la mayor parte de los especialistas lo enmiendan para que sea $k^ab\hat{e}d$, que es «hígado». Aunque algunos eruditos (como por ejemplo, J. W. McKay) han intentado defender «gloria» como original, para que así aludiera a la dignidad humana, derivada de Dios, éste parece un término bastante extraño para ser usado referido a la personalidad humana. A favor del simple cambio de $k^ab\hat{e}d$ «hígado» permanece el hecho que hígado sea utilizado con este sentido en otros lugares del Antiguo Testamento, como en Lamentaciones 2,11, así como en otras lenguas semíticas (akkadio, ugarítico y árabe). De este modo, su utilización está conectada con ésa que, de otras partes del cuerpo, se realiza en hebreo en un sentido psicológico (entrañas, riñones, corazón).

Seol (ultratumba) y la vida después de la muerte

Los hebreos concebían la tierra como un lugar plano, un disco circular, y sobre ella estaba el firmamento, una sólida estructura de color azul que formaba una cúpula sobre ella, y que se apoyaba en los pilares del cielo. La lluvia caía por las «ventanas del cielo» en el firmamento, sobre la cual estaban las aguas cósmicas, que existían también *debajo* de la tierra, y estaban relacionadas con los manantiales, los mares y los ríos de la tierra. La tierra estaba apoyada sobre columnas. Debajo de la tierra se encontraba también el reino de los muertos, cuyo nombre en hebreo es Seol (de etimología incierta pero que probablemente signifique «devastación» del verbo s^a '$\leq$ «ser devastado + el postfijo «*l*»). La concepción del Seol es muy similar a la del griego Hades, palabra por la cual es traducida en la versión griega de los Setenta. Era una lóbrega caverna subterránea a la cual iban todos los que morían sin ninguna distinción, en ese lugar permanecían en una sombría existencia. Era oscuro (Sal. 88,6 y 143,3) y silencioso (Sal. 115,17) y, en ocasiones, se le conoce también como la «fosa» (en hebreo *bôr* en los Sal. 28,1; 30,3; 40,2; 88,4,6 y 143,7; ë*aÊat* en los Salmos 30,9 y 55,23; *b*ᵉ*'Âr* en el Sal. 69,15) y, en ocasiones, como las «profundidades» o «las profundidades de la tierra» (se utilizan diversos términos hebreos Sal. 63,9; 71,20; 86,13 y 130,1).

A veces, se nos dice que el Seol está situado inmediatamente debajo de la superficie de la tierra (cf. Nm. 16,31 y ss.), pero en otros lugares se lo sitúa debajo de las aguas subterráneas (cf. Sal. 18,4 ss. = *2 S.* 22,5 ss.; Jon. 2,22 y ss.). El último concepto da cuenta de las referencias al cieno o al pantano cenagoso en relación con el Seol en el Salmo 40,2; 69,2,14 y también explica las alusiones a los pies resbaladizos en los Salmos 66,9; 94,18. El Seol era un reino del cual no se podía volver (Sal. 88,8; Job 7,9-10 y 10,21); podemos compararlo con la descripción akkadia del mismo como el «país sin retorno» (*erîet lᵃ tʳrî*). Más aún, el Seol era concebido como una región separada de Yahvé (cf. Sal. 6,5 y 88,10-12). El Salmo 88 es especialmente digno de mención por la lóbrega pintura del Seol que realiza. No obstante, encontramos un cierto desarrollo en el Salmo 139, donde observamos la creencia de que ninguna región del universo, ni siquiera el Seol, está fuera de la presencia de Yahvé «Si yo subiera a las alturas de los cielos, allí estás tú; y si bajara a las profundidades de la tierra, también estás allí».

Obviamente, caer en la esfera de la ultratumba era un destino terrible para los hebreos. Por eso, los salmos están llenos de alusiones al deseo de ser rescatados del Seol y de acciones de gracias por haber sido liberados de la muerte. No obstante, tenemos que recordar, como recalca A. R. Johnson, que lo que para nosotros puede ser una forma débil de vida (enfermedad, diversos tipos de aflicciones) podían ser considerados por los israelitas como una forma de muerte.

No obstante, hay dos pasajes que pueden reflejar muy bien una creencia emergente en una vida tras la muerte que merezca la pena. Ambos pueden ser considerados «salmos sapienciales» (y el primero ciertamente lo es) y ambos reflexionan sobre la prosperidad del malvado y el sufrimiento de los justos. Salmo 49,14-15 emite la siguiente conclusión, «Para esa gente (es decir, los malos), la muerte es el pastor que los conduce al sepulcro como si fueran ovejas. Cuando llegue la mañana, los buenos triunfarán sobre ellos; su fuerza irá decayendo, y el sepulcro será su hogar. Pero Dios me salvará del poder de la muerte, pues me llevará con él». Hay algunos, por ejemplo A. F. Kirkpatrick, que han pensado que este Salmo se refiere a un alivio temporal de la muerte para los justos, no obstante, es más probable que haga referencia a la vida después de la muerte, porque de otra manera los justos estarían peor, no mejor, que los malvados, compartiendo con ellos el destino de la muerte, pero habiendo experimentado, además, una fortuna desgraciada en el presente.

Otro posible ejemplo es el que nos ofrece el Salmo 73. En el versículo 23 el salmista se consuela a sí mismo con el pensamiento de su presente comunión con Dios. «Sin embargo, siempre he estado contigo. Me has tomado de la mano derecha». Después continúa (v. 24) «me has dirigido con tus consejos y al final me recibirás con honores». La cuestión crucial, por supuesto, es qué entendemos por «al final». De nuevo, hay algunos que opinan que se refiere al período que sigue a la actual aflicción del salmista. No obstante, puesto que él ya tiene comunión con Yahvé (v. 23), parece más natural suponer que «al final» se refiere al tiempo después de la muerte. En cualquier caso, «al final me recibirás con honores» parece un extraño modo de aludir a la recuperación de la vida normal en esta vida.

Algunos eruditos han visto también referencias a la vida después de la muerte en el Salmo 16,10-11, pero es menos probable que sea así. Son incluso más improbables las opiniones de M. J. Dahood, a cuyo inusual comentario de los salmos ya nos hemos referido. Dahood encuentra en el Salterio una creencia en la inmortalidad mucho más robusta de lo que generalmente se admite, pero sus interpretaciones son altamente dudosas y ha fracaso a la hora de convencer a muchos especialistas.

Universalidad

Tanto para los salmos como para el resto del Antiguo Testamento, Yahvé es no sólo el Dios de Israel, sino también el Dios de todo el mundo, una creencia que se deriva de manera natural del hecho de que él era considerado como el Creador del mundo, y con el tiempo llegó a ser concebido no sólo como el Dios supremo, sino como el único Dios. En consecuencia, en los salmos encontramos invitaciones a las naciones para alabar a Dios (por ejemplo, Sal. 47,1; 66,1-4,8; 67,3-7; 68,32 y 100,1-2) así como alusiones a la futura conversión/sumisión de los gentiles a Yahvé (cf. Sal. 22,27-28; 47,9; 65,2; 68,29,31; 86,9; 87,4-6 y 102,15.22).

El rey

Como hemos visto en el Capítulo 6, el «rey» –término con el cual nos referimos al gobierno davídico de Jerusalén– es retratado en los salmos como el poseedor de una especial relación con Yahvé. Él es el regente de Dios y, como tal, él es el ungido de Yahvé (Sal. 132,10,17), hijo adoptivo de Dios (Sal. 2,7), y sacerdote para siempre según el orden de Melquisedec (Sal. 110,4). Su vocación es la de gobernar al mundo en justicia y rectitud (Sal. 72), obedecer los mandamientos de Yahvé (Sal. 101), y luchar contra los enemigos con la fuerza de Dios (Sal. 18; 20 y 21). El reino davídico vivió en una relación de pacto con Yahvé, con lo cual su dinastía permanecería para siempre, a condición que fuera obediente (Sal. 89,3-4, 19-37); no obstante, el Salmo 89,38-51 parece reflejar el final de la monarquía davídica y el aparente rechazo de este pacto por parte de Yahvé. En el período post-exílico, cuando ya no existía un rey en el trono de Israel, los salmos reales fueron interpretados en un sentido escatológico, referidos a un futuro gobernante ideal –a quien nosotros debiéramos llamar el Mesías– aunque el Antiguo Testamento en sí emplea este término sólo para referirse al rey en ejercicio.

Sacrificio

Hay muchas referencias al sacrificio en los salmos y, como hemos visto anteriormente, junto con otras alusiones cúlticas, ésta es una indicación del origen litúrgico del Salterio. Los dos tipos principales de sacrificio eran las ofrendas de paz (hebreo ë*el*ªm∆m, singular ë*elem*), conocidas simplemente como sacrificios (*z*ᵉ*b*ª-Ê∆m, singular *zeba*Ê) en el Salterio (cf. Sal. 4,5; 27,6; 54,6 y 116,17), y las ofrendas quemadas (*'Ü lôt*, singular *'Ü lâ*), las cuales se mencionan en los Salmos 20,3 y 66,13,25. En el caso de las ofrendas de paz, los adoradores y los sacerdotes se comían el animal, a excepción de la gordura, que era quemada. La idea que sugiere esa comida es la de comunión. Por otro lado, las ofrendas quemadas, como su nombre indica, eran consumidas totalmente en el altar, salvo la piel. La idea sugerida parece haber sido la de un don. El Salterio menciona también la ofrenda de acción de gracias (*t*Ü*d*≤, Sal. 56,12; 100 (encabezamiento); 107,22 y 116,17), votos (*n*ᵉ*d*ªr∆m, Sal. 22,25; 50,14; 56,12; 61,5,8; 65,1; 66,13; 76,11 y 116,14), y los sacrificios voluntarios (*n*ᵉ*d*ªb≤, Sal. 54,6), todos los cuales eran diversas formas de ofrendas de paz. También se mencionan las ofrendas (*min*Ê*â*, Sal. 20,3 y 86,8). En su origen, este término se refería a sacrificios de cualquier tipo, tanto de grano como de animales, pero en el período post-exílico su uso se restringió para referirse a las ofrendas de cereales y de aceite.

El Salterio no ofrece ninguna explicación teológica, propiamente dicha, del significado de los sacrificios más allá de lo que lo hacen otras partes del Antiguo Testamento. No obstante, contiene algunos interesantes pasajes «antisacrificiales», Salmos 40,6; 50,8-15 y 51,16 ss., a los cuales se puede añadir los Salmos 69,30 ss. y 141,2. Los pasajes contra los sacrificios pueden encontrarse también en otros lugares del Antiguo Testamento, especialmente en los profetas (cf. 1 S. 15,22; Is. 1,11 y ss.; Jer. 6,20; 7,21s.; Os. 6,6; Am. 5,21 y ss.; Mi. 6,6 y ss.; Pr. 21,3). Ha existido una tendencia a interpretar estos pasajes como evidencias de una oposición al sacrificio *per se*, pero, en general, los eruditos han rechazado esa interpretación. Para la mayor parte, lo que parece que tenemos es una afirmación que la justicia ética y la obediencia a Dios son más importantes que los sacrificios. De este modo, con relación al Salmo 40,6, las palabras «Tú no te complaces en los sacrificios ni en las ofrendas de cereales», van seguidas por la siguiente declaración, «En cambio me has cavado oídos», lo cual parece una curiosa manera de decir, «En cambio Tú me has abierto los oídos», es decir: Yahvé demanda que le escuchen y obedezcan (cf. Sal. 69,30 ss.). Así mismo, el Salmo 50,8-15 no parece criticar los sacrificios *per se*, porque el versículo 8 declara, de hecho, que «Yo no te censuro por los sacrificios y holocaustos...» a lo que se opone este salmo es a la opinión que Yahvé depende de los sacrificios para comer y beber –cf. vv. 12-13, «¿Acaso me alimento de carne de toros, o bebo sangre de machos cabríos?»–.

El salmo de llamada al arrepentimiento, Salmo 51, el *Miserere*, contiene en los versículos 16-17 las sorprendentes palabras, «Pues tú no quieres ofrendas ni holocaustos; yo te los daría, pero no es lo que te agrada. Las ofrendas a Dios son el espíritu dolido; ¡tú no desprecias, oh Dios, al corazón hecho pedazos!». Presumiblemente, el salmista rechaza aquí el sacrificio porque en este contexto particular resulta inapropiado; él ha cometido un pecado atroz (por ejemplo, asesinato o adulterio), para el cual la ley no provee ningún tipo de sacrificio como medio de expiación, por lo que todo lo que él podía hacer era arrojarse en la misericordia de Yahvé con total sumisión y humildad. Los versículos 18-19 son, seguramente, obra de un glosador posterior, que podrían datarse en la época del exilio o en los primeros momentos del período post-exílico, cuya declaración cósmica de que podrán volver a ofrecerse sacrificios justos cuando las murallas de Jerusalén hayan sido reconstruidas, parece haber perdido de vista la profundidad del tema que el salmo estaba tratando. Esto ilustra la desventaja de creer, como B. S. Childs parece hacer, que ¡es siempre preferible realizar una lectura teológica del texto del Antiguo Testamento en su forma canónica final! Para finalizar, hay que destacar que una espiritualización de un concepto de culto comparable en algunos aspectos al que aparece en el Salmo 51,17 se puede encontrar en el Salmo 141,2, «Sea mi oración como incienso en tu presencia, y mis manos levantadas, como ofrenda de la tarde».

La ética y la Ley

El Salterio es la encarnación de la adoración cúltica, y está claro que la ética jugó un papel importante dentro de ese contexto. Los Salmos 15 y 24 encarnan entradas litúrgicas, sentando los requisitos necesarios para aquellos que querían entrar en el templo, y en ambos casos encontramos que las demandas que se realizan son de carácter ético y no ritual.

En los Salmos 50 y 81 podemos percibir ecos del Decálogo, aunque el último hace referencia únicamente a la introducción y al primer mandamiento (vv. 9-10). El Salmo 50, que parece ser el reflejo de una actualización cúltica de la perícopa del Sinaí en Éxodo 19 (cf. v. 3); 20 (cf. vv. 16 y ss.); y 24 (cf. v. 5), repite un buen número de las estipulaciones éticas del Decálogo en los versículos 16 y ss. (robo, adulterio y falso testimonio). Los Salmos 50 y 81 sugieren que el Decálogo puede haber sido recitado en algún escenario en un festival de renovación del pacto.

El alto nivel ético que se requería del israelita común se esperaba también del rey, como dejan claro los Salmos 72 y 101 (cf. Dt. 17,14-20). A través del Salterio encontramos una fuerte sensación de oposición entre el justo y el malvado, en la cual se incluye un fuerte énfasis ético. La Ley (Torá), cuya preponderancia se hace cada vez más grande en el judaísmo post-exílico, es, de manera especial, el tema de los Salmos 1; 19B y 119.

Un rasgo de los salmos que tiende a molestar al sensible lector moderno es el elemento imprecatorio. Maldiciones contra los enemigos abundan, en ocasiones, en contextos que de otra manera parecerían sublimes, tales como el Salmo 139. Como ejemplos de las imprecaciones más amargas podríamos citar los Salmos 58,6-11; 69,22-28; 83,9-18; 109,6-20; 137,7-9 y 149,5-9. El cristiano tiene la tendencia a sentir que el espíritu reflejado en estos salmos cae por debajo del nivel moral manifestado por Jesús sobre amar a los enemigos (Mt. 5,43-8; Lc. 6,27-31). Incluso John Wesley, en el siglo XVIII, prohibió a sus seguidores cantar las secciones imprecatorias del Salterio. No tiene sentido eliminarlas a base de explicaciones. No obstante, sin buscar una excusa para ellas, tenemos que comprender la experiencia de intenso sufrimiento que, sin lugar a dudas, subyace en ellas, por ejemplo la experiencia del exilio en un país extranjero que está en la base del Salmo 137. Debemos, además, tener en mente el hecho que para la mayoría de los salmistas no había una vida tras la muerte que mereciera la pena, por tanto, la vindicación de los justos –y unida a ella la condena de los malvados– tenían que ocurrir en este mundo, y los salmistas se mostraban comprensiblemente impacientes para que ocurriera. Las imprecaciones pueden verse como el reverso de la pasión de los salmistas por la justicia.

La maldición más extensa la encontramos en el Salmo 109,6-19. En algunas ocasiones, los estudiosos han intentado explicarla diciendo que estos versículos representan las maldiciones lanzadas sobre el salmista por sus enemigos y no lo contrario. No obstante, dejando a un lado el hecho de que hay otra imprecación más abajo, en el versículo 29, que esta interpretación deja sin explicar, este punto de vista aparece contra el problema del versículo 20a, el cual, siguiendo la extensa imprecación de los versículos 6-19, lo más natural es que deba leerse «Así les pague el Señor a mis acusadores». El intento de traducir «paga» por «obra» y eliminar «el Señor» del texto, es totalmente forzado y arbitrario.

La historia de la interpretación de los salmos por los judíos y en la Iglesia cristiana

La interpretación judía de los salmos

La interpretación judía más temprana de los salmos podemos encontrarla ya en los encabezamientos de algunos de ellos que hemos estudiado en los Capítulos precedentes. Ésta incluía la creciente tendencia de atribuir los salmos al rey David, una tendencia que continuó a lo largo de todo el período intertestamentario. Entre los rollos del mar Muerto procedentes de Qumrán, cuatro (o tres) salmos apócrifos adicionales son atribuidos a David (Sal. 151 A + B; 154 y 155), el Salmo 151 era ya conocido por la Septuaginta. Todos ellos están documentados también en siríaco, pero los dos últimos no se atribuyen allí a David. Alguno de los fragmentarios manuscritos de los salmos procedentes de Qumrán ofrecen para algunos de los salmos una colocación diferente de la del texto masorético hebreo (el más largo de éstos es el Sal. 11Q), y se discute si ésta es una simple selección litúrgica (P.W. Skehan) o bien la evidencia de indecisiones en la ordenación de los salmos (especialmente en el último tercio) en Qumrán a la altura del siglo I d. C. (J. A. Sanders). También poseemos manuscritos con comentarios de los Salmos 37 y 45 (4Q171), y del Salmo 127 (4Q173) que proceden de Qumrán, así como otro que incluye interpretaciones de los Salmos 1 y 2, además de la interpretación de otros pasajes bíblicos (4Q Florilegium o 4Q174), en el cual los salmos son explicados en relación con los acontecimientos que afectan a la comunidad de Qumrán (cf. la interpretación del Antiguo Testamento en el Nuevo).

La Midrash de los salmos (*Midrash Tehillim*) es más bien un trabajo tardío, que surge por un proceso de acumulación de materiales durante un período de mil años, desde el siglo III hasta el XIII d. C. Como podría esperarse de un midrás rabínico, su interpretación de los textos no es de carácter literal, y es más bien homilética que estrictamente exegética; y la discusión de los temas no se desarrolla dentro de unos parámetros puramente lógicos. Se comentan todos los salmos, excepto los Salmos 123 y 131, y los comentarios sobre los Salmos 119-150 se consideran generalmente como más tardíos que los realizados para los demás salmos. Aunque el modelo de exégesis no-literal característico del midrás pervivió durante toda la Edad Media, posteriormente, hubo notables eruditos judíos durante el período medieval, tales como *Kimhi*, que abrazaron el modelo de la exégesis literal.

Es sorprendente, en vista de la importancia que para los rabinos tenía la exposición de los salmos, el escaso papel que desempeñaron en la liturgia judía durante el período talmúdico; de hecho, sólo los Salmos 113-118 (el llamado *Hallel* egipcio) fueron utilizados de esa manera. Sin embargo, más tarde y de forma parcial, como respuesta a la demanda popular, los salmos penetraron gradualmente en la liturgia y han llegado a jugar un importante papel en ella, como lo hacen todavía en el día de hoy.

Los salmos en el Nuevo Testamento

Aproximadamente un tercio de las citas del Antiguo Testamento que aparecen en el Nuevo Testamento están sacadas de los salmos, un hecho que hace resaltar la importancia que el salterio tuvo en el cristianismo primitivo. Aunque hay citas de muchos salmos, las más importantes son las extraídas de los Salmos 2, 22, 69, 110 y 118.

El Salmo 2,7 dice: «Tú eres mi hijo; yo te he engendrado hoy». Estas palabras que se le decían al rey en el momento de su coronación son aplicadas de manera mesiánica a Cristo. Están en relación con el bautizo de Jesús (Mt. 3,17; Lc. 3,22), la transfiguración (Mt. 17,5; Lc. 9,35), la resurrección (Hch. 13,33), y la exaltación/ascensión (He. 1,5; 5,5).

Otros dos versículos procedentes de un salmo de coronación, el Salmo 110, se aplican en un buen número de ocasiones a Cristo en el Nuevo Testamento. Versículo 4, «Tú eres sacerdote para siempre, de la misma clase que Melquisedec», aparece citado varias veces en la Epístola a los Hebreos (5,6,10; 6,20; 7,3.11.15.17.21.24.28) para probar la superioridad del sacerdocio de Jesús sobre el sacerdocio levítico de los judíos. Las palabras sobre la colocación del rey a la derecha de Dios encuentran también su reflejo en un buen número de ocasiones en el Nuevo Testamento (por ejemplo, Mr. 14,62; Hch. 2,34 ss.; He. 10,12 ss.). En Marcos 12,35-37 (= Mt. 22,41-46; Lc. 20,41-44), este versículo centra toda la discusión. La cuestión disputada aquí es, si Cristo es el hijo de David, cómo puede ser a la vez el señor de David. La respuesta implícita es que Él es el hijo más grande de David.

El Salmo 22, una súplica individual, tiene su reflejo en primer lugar en las narraciones de la pasión en los Evangelios. El grito de Jesús desde la cruz, *«Eloi, Eloi, lama sabachthani»*, «Dios mío, Dios mío ¿por qué me has abandonado?», cita, en arameo, el Salmo 22,1. Es muy posible que esas palabras, que en muchas ocasiones han sido consideradas oscuras, hayan sido pronunciadas teniendo en la mente el contexto íntegro del salmo, que finaliza con una defensa y una proclamación de la llegada universal del Reino de Dios (Sal. 22,23-31). Otros ecos de este salmo son el escarnio de Jesús y los meneos de cabeza ante Él (Mr. 15,29; Mt. 27,39; Lc. 23,35; cf. Salmo 22,7), el reparto de los vestidos de Jesús y las suertes que echaron para ello (Mr. 15,24; Mt. 27,35; Lc. 23,34; Jn. 19,24; cf. Sal. 22,18) y la demanda de que Dios lo liberará (Mt. 27,43; cf. Sal. 22,8). Uno puede, obviamente, discutir hasta qué punto estas alusiones son el reflejo de hechos históricos y hasta qué punto son un simple reflejo de la lectura de estos pasajes del salmo dentro de la narración de la pasión.

El Salmo 69 es otra súplica individual que aparece reflejada en la narración de la pasión, en Marcos 15,36; Mateo 27,34; Lucas 23,36; Juan 19,29, donde se le ofrece vinagre a Jesús crucificado. Aunque el lector poco avisado pudiera tomar esto como un gesto de amabilidad hacia Jesús, el contexto del salmo indica claramente que no es ese el caso (cf. también Lc. 23,36).

En el Salmo 118,22 ss. leemos, «La piedra que los constructores despreciaron se ha convertido en la piedra principal. Esto lo ha hecho el Señor y estamos maravillados». Estas palabras son citadas en diversas ocasiones para hacer referencia al rechazo y vindicación de Jesús (Mr. 12,10-11; Mt. 21,42; Lc. 20,17; Hch. 4,11 ss.; 1 P. 2,7). Sabemos por las fuentes judías que este salmo era interpretado mesiánicamente. Los tonos mesiánicos son claros en las citas del Salmo 118,25 ss. en el momento de la entrada triunfal de Jesús en Jerusalén a lomos de un pollino (Mr. 11,9 ss.; Mt. 21,9,25; Lc. 19,38; Jn. 12,13).

Hay muchos otros salmos que son citados en el Nuevo Testamento, pero no es posible tratar de todos ellos en este lugar.

Los salmos en la Iglesia cristiana posterior

En la Iglesia posterior al período neotestamentario, los salmos continuaron ejerciendo un importante papel. Algunas muestras de su continuada influencia pueden hallarse en un antiguo libro de R. E. Prothero titulado *The Psalms in Human Life* (*Los salmos en la vida humana*), que es digno de mención por el amplio número de ejemplos que cita. Todo lo que podemos hacer aquí es hablar brevemente de unos cuantos comentarios de los salmos realizados por figuras sobresalientes de la Iglesia, y subrayar su uso en la liturgia y su importante influencia en la confección de los himnos.

Uno de los más conocidos trabajos realizado por uno de los primeros Padres de la Iglesia sobre el Salterio fueron las *Enarrationes in Psalmos* (*Exposiciones sobre los salmos*) de San Agustín de Hipona. Como la mayoría de las interpretaciones bíblicas patrísticas inspiradas por el método alegórico de la escuela de Alejandría, no tiene valor como exégesis del texto bíblico y su valor está restringido a la edificación. Como ejemplo de la interpretación alegórica que San Agustín hace del Salterio, podemos citar el siguiente ejemplo en relación con el Salmo 137,1: «*Junto a los ríos de Babilonia*. Los ríos de Babilonia son todas las cosas que amamos en este mundo, y que han de pasar. Alguien, por ejemplo, tiene inclinación hacia la agricultura, y piensa que de ese modo se va a hacer rico, para encontrar una ocupación para su mente y placer. Hazle mirar hacia adonde se encamina, y ver que lo que él ha amado no es un cimiento de Jerusalén, sino un río de Babilonia».

La escuela de Antioquía –a diferencia de la de Alejandría– practicó una aproximación más literal a la exégesis bíblica. El miembro más capacitado para la crítica de esta escuela fue Teodoro de Mopsuestia, quien aceptó como mesiánicos sólo cuatro salmos: los Salmos 2; 8; 44; y 109. Durante la Edad Media, los salmos (junto con las Epístolas paulinas) fueron particularmente ricos en comentarios, aunque fue la aproximación alegórica la que prevaleció. Hubo, no obstante, notables excepciones tales como la de Nicolás de Lira (muerto en 1340), que recibió la influencia de los comentaristas judíos medievales.

Lutero escribió más sobre los salmos que sobre cualquier libro del Nuevo Testamento. Sus primeras lecciones sobre los salmos (1513-15) estaban todavía en la línea del modo de interpretación alegórico medieval, pero sus segundas lecciones sobre los salmos y su exposición de los llamados «siete salmos penitenciales» (Sal. 6; 32; 38; 51; 102; 130 y 143) reflejan el énfasis que los reformadores ponían en el sentido literal de la Escritura. Lutero afirmó que «Las alegorías de Orígenes no son dignas de tanto polvo», aunque mantuvo que podían usarse todavía las alegorías «como simples adornos y hermosos ornamentos», como hizo San

Pablo. La importancia que da Lutero al sentido original de las Escrituras y su atención al original hebreo más allá de la simple confianza en la Vulgata Latina, y marcaron un gran avance sobre la exégesis cristiana patrística y medieval. No obstante, careció del sentido crítico de Calvino en el hecho de que él tuvo la tendencia de ver los salmos mesiánicos como predicciones directas de Cristo, sin ninguna relación con el rey en el antiguo Israel. El lector crítico moderno se verá también sorprendido por la forma en que Lutero vio cómo la Escritura se dirigía directamente a su propio tiempo. Por ejemplo, en su interpretación de Wartburg del Salmo 37, dijo «Nadie debe dudar que nuestros oponentes son aquellos a quienes se regaña en este salmo, y que nosotros somos aquellos que son consolados». El Salmo 46 fue la inspiración para su famoso himno de la Reforma, *Ein feste Burg ist unser Gott*, que podemos traducir como «Nuestro Dios es un refugio fuerte todavía».

El otro gran reformador, Juan Calvino, escribió un largo comentario sobre los salmos en el que trató de combinar las observaciones exegéticas y filológicas con la exposición práctica. En líneas generales, su exposición es más científica que la de Lutero. En relación con los llamados salmos mesiánicos, Calvino era consciente que habían surgido con un significado histórico original en el antiguo Israel en relación con el rey de Israel, además de su interpretación mesiánica, que venía en segundo lugar por vía simbólica o tipológica. Su genuino interés crítico sobre el lugar histórico de los salmos le llevó a sugerir fechas para varios salmos: por ejemplo, supuso que el Salmo 46 procedía del tiempo de la liberación de Jerusalén del cerco de Senaquerib (701 a. C.).

En las iglesias Reformadas y Presbiterianas surgidas de las reformas de Calvino y Zwinglio (aunque no en la Luterana ni en la Anglicana), se utilizaron en la alabanza versiones métricas de los salmos. De hecho, originalmente, para estas iglesias, el Salterio fue el único manual de alabanza, porque otros himnos fueron rechazados.

No obstante, en la Iglesia de Inglaterra, la versión de los salmos de amplio uso, incluso hoy en día, y que puede encontrarse en el Libro de Oración, es la traducción realizada en el siglo XVI por Miles Coverdale. La traducción que Coverdale hizo de los salmos llegó a ser incluida en la Gran Biblia, la versión inglesa autorizada durante la época del Primer y Segundo Libro de Oración de Eduardo VI (1549 y 1552). Cuando se realizó la revisión en 1662 del Libro de Oración, la versión de Coverdale se mantuvo porque resultaba ya familiar, aunque otros pasajes de la Escritura fueron tomados de la versión de 1611, la Versión Autorizada de la Biblia (King James). Incluso, hoy en día, a pesar de las nuevas traducciones de la Biblia, incluidas las nuevas versiones del Salterio que se han elaborado específicamente para ser utilizadas en la alabanza a causa de las inexactitudes y arcaísmos de la versión de Coverdale (cf. el *Revised Psalter*, una revisión del texto de Coverdale realizada en 1963, y *The Psalms. A new translation for worship*, una traducción completamente nueva de 1977), su versión se utiliza todavía con frecuencia.

Una manera en la que los salmos han continuado influyendo en la Iglesia es a través del gran número de himnos que han inspirado. Algunos ejemplos bien conocidos incluyen los siguientes: *O worship the King all glorious above* de Sir Robert Grant, basado en W. Kethe (Sal. 104), *Jesus shall reign where'er the sun* de Isaac Waats (Sal. 72), *The King of Love my shepherd is* de Sir H. W. Baker (Sal. 23), *Let us with a gladsome mind* de John Milton (Sal. 136), y *All people that on earth do dwell*, originalmente un salmo métrico (el antiguo Sal. 100) de W. Kethe en el Salterio de John Day (1561). Hay que señalar que los salmos de súplica no han ejercido tanta influencia en la himnología cristiana como los salmos de alabanza, aunque existen algunos ejemplos raros como el Salmo 130, que ha inspirado varios himnos, incluido el himno *Aus tiefer Not schrei ich zu dir '*(De lo profundo a ti clamo) de Martín Lutero (traducido por Catherine Winkworth), y el Salmo 42, que dio origen al muy conocido himno de N. Tate y N. Brady, *As pants the hart for cooling streams.*

Lecturas adicionales

Sobre la teología del Salterio en general:

KRAUSS, H.-J. *Teología de los Salmos*, Sígueme, 1985. (Es una obra modelo).

RINGGREN, H. *The Faith of the Psalmists*. SCM, London, 1963.
SABOURIN, L. J. *The Psalm: Their Origin and Meaning*, 1, pp. 65-168.
SPIECKERMANN, H. *Heilsgegenwart: eine Theologie der Psalmen* (FRLANT, 148), Vandenhoeck & Ruprecht, Göttingen, 1989.

Sobre temas teológicos específicos:

ALBERTZ, R. *Weltschöpfung und Menschenschöpfung*.
ANDERSON, A. A. «Psalms», en *It is written: Scripture Citing Scripture. Essays in Honour of Barnabas Lindars*, D. A. Carson y H. G. M. Williamson, editores. Cambridge University Press, Cambridge, 1988, pp. 56-66.
CLEMENTS, R. E. *God and Temple*. Blackwell, Oxford, 1965, Capítulo 5.
DAVIES, G. H. «The Ark in the Psalms», en *Promise and Fulfilment. Essays Presented to Professor S. H. Hooke*, F. F. Bruce, editor. T. & T. Clarck, Edimburgo, 1963, pp. 51-61.
DAY, J. *God's Conflict with the Dragon and the sea.*
EICHHORN, D. *Gott als Fels, Burg und Zuflucht*. H. & P. Lang, Bern and Frankfurt, 1972.
FRANKEN, H. J. *The Mystical Communion with JHWH in the Book of Psalms*. Brill, Leiden, 1954.
GRAY, J. *The Biblical Doctrine of the Reign of God*. Capítulos 2-3.
HAGLUND, E. *Historical Motifs in the Psalms.*
JOHNSON, A. R. *The Vitality of the Individual in the Thought of Ancient Israel*. University of Wales Press, Cardiff, 1964.
JOHNSON, A. R. *The Cultic Prophet and Israel's Psalmody*. University of Wales Press, Cardiff, 1979.
McKAY, J. W. «"My Glory" - A Mantle of Praise» en *Scottish Journal of Theology* 31, 1978, pp. 167-72.
METTINGER, T. N. D. *In Search of God: The Meaning and Message of the Everlasting Names*. Fortress, Philadelphia 1987.
WOLFF, H. W. *Anthropology of the Old Testament*. SCM, London 1974.

Sobre los salmos y su interpretación en Qumrán:

BROOKE, G. J. *Exegesis at Qumran: 4Q Florilegium in its Jewish Context* (JSOT Supplement Series, 29), JSOT, Sheffield, 1985.

SANDERS, J. A. *The Dead Sea Psalms Scroll.* Cornell University Press, Cornell, 1967.

SKEHAN, P. W. «Qumran and Old Testament Criticism» en *Qumrân: sa piété, sa théologie et son milieu* (Bibliotheca Ephemeridum theologicarum Lovaniensium, 46), Leuven University Press, París - Gembloux Duculot y Leuven 1978, pp. 163 - 82.

VERMES, G. *The Dead Sea Scrolls in English*, 3ª edición. Penguin Books, London, 1987, pp. 208-14; 290-92; 293-94 (cf. 165-207).

WILSON, G. H. *The Editing of the Hebrew Psalter*, pp. 63-138.

Los salmos en la interpretación y vida judías:

BAKER, J. y NICHOLSON, E. W. *The Commentary of Rabbi David Kimhi on Psalms CXX-CL.* Cambridge University Press, Cambridge, 1973.

BRAUDE, W. G. *The Midrash on Psalms*, 2 vols., Yale University Press, New Haven, 1959.

RABINOWITZ, L. I.; SILVERMAN, G. E. et alia. «Psalms, Book of» en *Encyclopaedia Judaica* 13, Keter, Jerusalén, 1971, pp. 1322-34.

Sobre la interpretación de los Salmos en el Nuevo Testamento:

DODD, C. H. *According to the Scriptures.* Collins, London, 1952.

HAY, D. M. *Glory at the Right Hand: Psalm 110 in Early Christianity* (SBL Monograph Series, 18). Abingdon, Nashville 1973.

KRAUSS, H.-J. *Teología de los salmos.*

LINDARS, B. *New Testament Apologetic.* SCM, London, 1961.

Sobre los salmos en la Iglesia cristiana:

CALVIN, J. *Commentary on the Book of Psalms*, 5 vols. (J. Anderson, editor), Calvin Translation Society, Edimburgo, 1845-49.

HOWELL, J. C. «Jerome's Homilies on the Psalter in Bethlehem» en *The Listening Heart: Essays in Wisdom and the Psalms in*

Honor of Roland E. Murphy, o. Carm. (JSOT Supplement Series, 58), K. G. Hoglund, E. F. Huwiler, J. T. Glass y R. W. Lee, editores. JSOT, Sheffield 1987, pp. 181-97.

JACQUET, L. *Les Psaumes et le coeur de l'homme.*

LUTERO, M. D. *Martin Luthers Werhe, Kritische Gesamtausgabe* (Weimarer Lutherausgabe), 120 vols., 1883 ss. (Nueva edición de 2000-2007).

NEALE, J. M. y LITTLEDALE, R. F. *A commentary on the Psalms from Primitive and Medieval Writers, 4 vols.* Masters, London, 1860-63.

PROTHERO, R. E. *The Psalms in Human Life.* J. Murray, London, 1904.

RUSSELL, S. H. «Calvin and the Messianic Interpretation of the Psalms» en *Scottish Journal of Theology,* 21, 1968, pp. 37-47.

SAN AGUSTÍN. *Expositions on the Book of Salms* (Library of the Fathers), 6 vols. Parker, Oxford, 1847-57.

SCHMIDT, H. *Luther und das Buch der Psalmen.* Mohr, Tübingen 1933.

Algunos comentarios sobre los Salmos

ANDERSON, A. A., *Psalms*, 2 vol. (New Century Bible), Oliphants, London, 1972. (Este buen comentario proporciona un equilibrado y juicioso acercamiento a los problemas de la interpretación).

CRAIGIE, P. C., *Psalms 1-50*; TATE, M. E., *Psalms 51-100*; y ALLEN, L. C.; *Psalms 101-150*. (Word Biblical Commentary), Word Books, Waco, 1983 y 1990.

DAHOOD, M. J., *Psalms*, 3 vol. (Anchor Bible Commentary), Doubleday, Garden City, 1965-70. (Debe ser utilizado con mucha precaución, ¡éste es un comentario excéntrico que continuamente reescribe el texto hebreo partiendo de unos supuestos manuscritos ugaríticos paralelos!).

EATON, J. H., *Psalms* (Torch Bible Paperbacks), SCM, Londres 1967. (Este breve comentario es muy útil, en él se refleja el característico punto de vista del autor sobre la abundante existencia de «salmos reales»).

GERSTENBERGER, E. S., *Psalms, Part 1* (The Forms of Old Testament Literature), Eerdmans, Grand Rapids, 1988. (La primera parte abarca hasta el Salmo 60 y la segunda parte aún no ha sido publicada. El trabajo, en consonancia con el título de la serie a la que pertenece, se centra en cuestiones de crítica formal. Se percibe también en él la perspectiva del autor sobre la tardía datación y el origen no cúltico de los salmos).

GUNKEL, H., *Die Psalmen*. Vandenhoeck & Ruprecht, Göttingen, 1926. Reimpresiones en 1968 y 1986. (Se trata de un atinado comentario, elaborado por un especialista cuyo análisis basado en la crítica formal de los salmos sigue manteniendo hoy en día su influencia).

JACQUET, L., *Les Psaumes et le coeur de l'homme*, 3 vol., Duculot, Gembloux, 1975-79. (Es un extenso trabajo centrado en los temas espirituales y en la interpretación cristiana del Salterio).

KIRKPATRICK, A. F., *The Book of Psalms* (Cambridge Bible for Schools and Colleges), Cambridge University Press, Cambridge, 1902. (Aunque en ciertos aspectos resulta anticuado, este antiguo y atinado comentario, realizado por un juicioso y cuidadoso especialista, conserva todavía un valor considerable).

KRAUS, H.-J., *Los salmos*, 2 vol., Salamanca: Ediciones Sígueme, 1993. (Un buen comentario dentro de la tradición alemana)

ROGERSON, J. W. y MCKAY, J. W., *Psalms*, 3 vol. (Cambridge Bible Commentary), Cambridge University Press, Cambridge 1977. (Un comentario breve pero muy útil).

SCHÖKEL, L. A. y CARNITI, C., *Salmos*, 2 vol., Estella: Verbo Divino, 1992. (Magnífico comentario que trata de equilibrar exégesis, valor literario y espiritualidad).

WEISER, A., *The Psalms* (Old Testament Library), SCM, Londres, 1962. (Un buen comentario realizado por un conocido erudito alemán, marcado por su excesiva tendencia a interpretar demasiados salmos como una fiesta de renovación de la alianza).

WESTERMANN, C., *The Living Psalms*. T. & T. Clark, Edimburgo, 1990. (No se trata de un comentario completo. Principalmente contiene una exposición de cincuenta salmos seleccionados, dispuestos de acuerdo con once diferentes posturas de la crítica formal).

Algunos estudios generales sobre los Salmos

ANDERSON, B. W., *Out of the Depths. The Psalms speak for us today*, Westminster, Philadelphia, 1983. (Una introducción de fácil lectura).

KEEL, O., *The Symbolism of the Biblical World: Ancient Near Eastern Iconography and the Book of Psalms*. Seabury, New York, 1978. (Esta obra es diferente de las anteriormente citadas por su enfoque único del tema, el texto y las imágenes ilustran la imaginería de los salmos desde la perspectiva de la iconografía del Oriente Próximo Antiguo).

KRAUS, H. J., *Teología de los salmos*, Salamanca: Sígueme, 1985. (Una profunda visión de conjunto sobre los salmos, centrada en su mensaje).

MILLER, P. D., *Interpreting the Psalms*. Fortress, Philadelphia, 1986. (Un texto actualizado e interesante).

MOWINCKEL, S., *The Psalms in Israel's Worship*, 2 vol. Blackwell, Oxford, 1962. (Una obra clásica realizada por un maestro del estudio de los salmos).

SABOURIN, L. J., *The Psalms: Their Origin and Meaning,* 2 vol. The Society of St. Paul, Staten Island, 1969. (Una introducción notable por su profundo y abarcador tratamiento del tema).

SEYBOLD, K., *Introducing the Psalms*. T. & T. Clark, Edimburgo, 1990. (Una buena y actualizada introducción a los salmos).

TREBOLLE, J., *Libro de los Salmos. Religión, poder y saber.* Editorial Trotta: Madrid, 2001. (No es libro de introducción, pero sí interesante para conocedores de la materia).

Algunos estudios en alemán sobre los Salmos

GUNKEL, H. y BEGRICH, J., *Einleitung in die Psalmen*, 2 vol. Vandenhoeck & Ruprecht, Göttingen, 1928-33. (Esta es una obra clásica, Gunkel la inició y tras su muerte fue continuada y completada por Begrich, proporciona un profundo análisis formal de los salmos). En castellano: GUNKEL, H., *Introducción a los Salmos*, Valencia: Institución San Jerónimo y Edicep, 1983.

LORETZ, O., *Die Psalmen 2* (Alter Orient und Altes Testament), Neukirchener Verlag, Neukirchen-Vluyn 1979. (Hasta ahora, de los dos volúmenes, sólo ha aparecido el volumen 2, Salmos 90-150. Aunque está ordenado siguiendo el orden del Salterio, no se trata de un comentario completo. El énfasis recae principalmente sobre la aproximación –textual– narratológica característica del autor, el análisis se dibuja en términos de números de letras. Datación tardía de los salmos).

MOWINCKEL, S., *Psalmenstudien*, 6 vol. Dybwad, Kristiania (Oslo) 1921-24. (Esta obra pionera y clásica, elaborada por el distinguido erudito noruego, ofrece una completa exposición de sus primeras opiniones, y puede ser comparada con su libro más reciente, *The psalms in Israel's Worship*).